汽车生产物流工程

胡元庆　谭新明　马建翠　著

中国财富出版社有限公司

图书在版编目（CIP）数据

汽车生产物流工程 / 胡元庆，谭新明，马建翠著 . — 北京：中国财富出版社有限公司，2025.6
ISBN 978-7-5047-7264-0

Ⅰ.①汽⋯　Ⅱ.①胡⋯　②谭⋯　③马⋯　Ⅲ.①汽车工业—物流管理　Ⅳ.①F407.471.6

中国版本图书馆 CIP 数据核字（2020）第 197669 号

策划编辑	郑欣怡	责任编辑	贾浩然　于名珏	版权编辑	武　玥
责任印制	苟　宁	责任校对	杨小静	责任发行	敬　东

出版发行	中国财富出版社有限公司		
社　　址	北京市丰台区南四环西路 188 号 5 区 20 楼	邮政编码	100070
电　　话	010-52227588 转 2098（发行部）	010-52227588 转 321（总编室）	
	010-52227566（24 小时读者服务）	010-52227588 转 305（质检部）	
网　　址	http://www.cfpress.com.cn	排　版	宝蕾元
经　　销	新华书店	印　刷	北京九州迅驰传媒文化有限公司
书　　号	ISBN 978-7-5047-7264-0/F·3818		
开　　本	710mm×1000mm　1/16	版　次	2025 年 6 月第 1 版
印　　张	9.25	印　次	2025 年 6 月第 1 次印刷
字　　数	147 千字	定　价	49.00 元

版权所有·侵权必究·印装差错·负责调换

前　言

　　汽车产业是国民经济重要的支柱产业之一，其产业链长、关联度高、就业面广、消费拉动作用大，在国民经济和社会发展中起着十分重要的作用。尽管我国人均汽车拥有量和千人汽车保有量低于发达国家水平，但我国汽车产销量连续16年稳居世界第一，我国汽车产业仍有巨大发展空间。

　　汽车制造是汽车设计、汽车新技术新方法转变为汽车产品的过程。在此过程中，汽车零部件用在加工装配上的时间不到10%，大部分时间都用在搬运、储存、装卸及等待加工等生产物流活动中，生产物流的漏洞和不合理性容易被产品质量、销售情况等现象所掩盖，其重要性容易被人们忽视，因此开展汽车生产物流工程相关理论与实践研究具有重要意义。

　　汽车生产物流是一项精细化系统工程，从顶层运行模式到厂房布局、车间布局、制造流程、生产计划、物料管理以及物流设备的管理等都需要综合协调与统筹规划，防止职能分割，使生产物流系统达到综合最优。同时，汽车行业市场竞争激烈，各种先进生产方式不断涌现，如柔性制造、敏捷制造、虚拟制造、精益制造等，这些先进生产模式对汽车生产物流工程的设计与管理又提出了新的要求。本书正是为适应不断变化的汽车生产模式、总结作者多年来从事汽车生产物流研究和实践的经验而撰写的。通过总结实践经验，提炼各个物流单元技术，汽车制造企业可以有效实现生产物流设计与管理的规范化、标准化和体系化，提升汽车生产物流决策的科学性，规范管理细节和程序，提高汽车生产物流操作的标准化水平，培育全员汽车生产物流工程意识。本书可供汽车行业物流工程管理、生产管理等从业人员参考使用，也可作为大专院校制造类、工程类、物流管理等相关专业师生的教辅资料。

  本书主要内容包括汽车生产物流工程概述、汽车制造业生产计划与控制、汽车生产工厂选址与物流布局、汽车车间物流工程管理、订货与供应物流管理、汽车生产物流管理、整车物流（出厂物流）、汽车备件物流管理等。

  全书由湖南现代物流职业技术学院胡元庆、谭新明、马建翠合著，由胡元庆负责校对统稿。

  在本书的撰写过程中，得到了广汽菲亚特克莱斯勒汽车有限公司的鼎力支持，在调研、工程实践资料等方面给予了积极配合，在内容方面提出了宝贵的建议；在本书的出版过程中得到了中国财富出版社有限公司编辑们的大力帮助；在本书的撰写过程中还参阅了部分国内外同行的相关文献，在此一并向他们表示衷心感谢。

  汽车生产物流工程管理理论应用于我国汽车制造业管理实践的历史还不长，面临着许多实践创新，需要不断完善。汽车生产物流工程是一门跨专业的学科，需要具备多学科的知识融合。目前我国汽车工业正在快速发展，新的管理理念和服务方式都会渗透到汽车生产物流工程工作实践中。由于作者的理论水平和实践经验有限，书中难免有不足之处，恳请各位专家和读者批评指正。

作　者
2025 年 1 月

目 录

1 汽车生产物流工程概述 ·· 1
 1.1 物流与物流管理 ·· 1
 1.2 汽车生产物流工程 ·· 8
 1.3 工业 4.0 与汽车智能生产新趋势 ································· 16

2 汽车制造业生产计划与控制 ·· 23
 2.1 汽车制造企业生产计划 ··· 23
 2.2 生产计划编制方法 ··· 25
 2.3 生产计划管理与控制的内容与策略 ······························· 35

3 汽车生产工厂选址与物流布局 ······································· 39
 3.1 汽车生产工厂选址 ··· 39
 3.2 汽车生产物流布局规划 ··· 46

4 汽车车间物流工程管理 ··· 52
 4.1 冲压车间物流 ·· 52
 4.2 焊接车间物流 ·· 57
 4.3 涂装车间物流 ·· 59
 4.4 总装车间物流 ·· 63

1

5 订货与供应物流管理 …… 67
5.1 订货管理概述 …… 67
5.2 国产零部件订货管理 …… 73
5.3 进口零部件订货管理 …… 80
5.4 售后件订购管理 …… 82
5.5 车型停产时的订货管理 …… 83
5.6 入场物流模式 …… 83

6 汽车生产物流管理 …… 89
6.1 汽车生产物流概述 …… 89
6.2 工艺流程与车间布局 …… 90
6.3 汽车制造生产现场管理 …… 91
6.4 生产物料管理 …… 95
6.5 库存管理及缺件管理 …… 97

7 整车物流(出厂物流) …… 99
7.1 整车物流概述 …… 99
7.2 整车物流的运作模式 …… 100
7.3 整车仓储与运输 …… 100
7.4 汽车销售物流管理 …… 102
7.5 汽车逆向物流 …… 105
7.6 整车物流未来发展前景 …… 106

8 汽车备件物流管理 …… 108
8.1 汽车备件与备件物流 …… 108
8.2 汽车备件物流运作模式与流程 …… 111
8.3 汽车备件物流节点规划与库存布局 …… 114
8.4 汽车备件库存控制 …… 119

9 汽车生产物流管理信息化 ········· 124
9.1 企业信息化与供应链管理 ········· 124
9.2 生产物流管理信息系统 ········· 126
9.3 汽车生产物流工程信息化实践 ········· 127

10 汽车生产物流工程管理常用工具 ········· 130
10.1 约束理论 ········· 130
10.2 工业工程 ········· 131
10.3 JIT 理论 ········· 132
10.4 持续改善理论 ········· 133

参考文献 ········· 136

1 汽车生产物流工程概述

现代物流是一种融合信息技术、装备技术等高新技术为一体的先进的组织方式和管理技术。我国的制造企业物流管理与服务近年来发展迅速，取得了长足的进步，尤其是以汽车制造企业为代表的工业制造业物流水平得到了较大提升。但我国制造业物流发展仍然处于初级阶段，粗放式经营的格局尚未从根本上改变，不同地区之间和不同行业之间物流发展水平极不平衡。目前我国制造业物流管理存在的主要问题有：企业对物流服务的认识不够全面和深刻；企业的物流设施布局规划不合理，物流装备水平低；企业的物流管理机构设置不合理，各部门间协调性差；企业的物流管理手段落后，物流信息化程度低；企业缺乏专业的物流工程人才。

物流工程涉及的领域极其广阔，这就要求物流工程的管理人员要熟悉企业内各物流环节，精通物流管理知识和各种物流作业技术，既要精通企业内物流操作技能，又要熟悉向外延伸的整条供应链运作情况。本章将系统地对物流与物流管理，汽车生产物流工程、工业 4.0 与汽车智能生产新趋势进行介绍。

1.1 物流与物流管理

人类生产的第一利润源是资源领域。由于资源有限，随着科技进步，人们通过减少物质资源消耗、综合利用资源来获得利润。这种降低物质资源消耗获得利润的方式以先进的科学技术为条件。因此，通过进一步开发"第一利润源"获得利润的方式，受到了科学技术发展程度的限制。

人力领域的利润最初是靠廉价劳动，其后是依靠科技进步提高劳动生产率，降低劳动消耗，从而降低成本，增加利润，形成"第二利润源"。劳动生产率的提高、劳动消耗的降低，也受到科学技术的极大制约。随着生产的机械化、自动化程度不断提高，生产工艺过程日趋程序化、规范化，使"第二利润源"的潜力越来越小，获取利润也越来越困难。

在前两个利润源潜力越来越小的情况下，物流领域的潜力逐渐被人重视。相关统计表明，在美国，产品的制造成本已不足总成本的10%，产品的加工时间只占总时间的5%，而储存、搬运、运输、包装等物流环节已经占据制造成本和加工时间的绝大部分。继资源领域、人力领域之后，物流领域成为企业的"第三利润源"。通过物流合理化来降低总成本，已经成为企业提高竞争力的重要手段。

1.1.1 物流概述

1. 物流的基本概念

中华人民共和国国家标准《物流术语》（GB/T 18354—2021）将物流定义为"根据实际需要，将运输、储存、装卸、搬运、包装、流通加工、配送、信息处理等基本功能实施有机结合，使物品从供应地向接收地进行实体流动的过程"。

2. 物流的经济价值

（1）时间价值。

物品从供应者到需要者之间有一段时间差，改变这一时间差所创造的价值是时间价值。

通过物流活动获得时间价值的形式有三种。①缩短时间创造价值。物流着重研究的一个课题就是如何采取技术的、管理的、系统的方法来尽量缩短物流的宏观时间和有针对性地缩短微观物流时间，从而取得较高的时间价值。②弥补时间差创造价值。经济社会中，需求和供应之间普遍地存在着时间差，物流以科学的、系统的方法弥补和改变这种时间差，以实现其"时间价值"。

③延长时间差创造价值。在某些具体物流活动中，存在人为地延长物流时间来创造价值的现象，例如，配合待机销售的物流便是有意识地延长物流时间，通过增加时间差来创造价值的。

（2）场所价值。

物从供应者到需求者之间有一段空间差，改变这一场所的差别所创造的价值叫作"场所价值"。物流创造的场所价值是由现代社会产业结构、社会分工所决定的，主要原因是供应者和需求者之间存在空间差。商品在不同地理位置有不同的价值，通过物流将商品由低价值区转到高价值区便可获得价值差，即场所价值。

场所价值有三种形式：从集中生产场所流入分散需求场所创造的价值；从分散生产场所流入集中需求场所创造的价值；从甲地生产场所流入乙地需求场所创造的价值。

（3）流通加工附加价值。

有时物流也可以创造流通加工附加价值。加工是生产领域常用的手段，并不是物流的职能。但是，现代物流的一个重要特点是根据自己的优势从事一定的补充性加工活动，也称为流通加工活动。这种加工活动不是创造商品主要实体，形成商品主要功能和使用价值，而是带有完善、补充、增加性质的加工活动，这种活动必然会让劳动对象形成附加价值。

3. 物流的功能要素

物流的功能要素是为了创造时间价值、场所价值和流通加工附加价值而进行的物流作业活动，包括以下几点。

（1）包装。

无论是产品还是材料，在搬运输送以前都要加以某种程度的包装，保证物品完好地运送到消费者手中，所以包装被称为生产的终点，同时也是社会物流的起点。

（2）装卸搬运。

装卸搬运是指在同一地域范围内进行的、以改变物品的存放状态和空间位置为主要内容和目的的活动，包括装上、卸下、移送、拣选、分类、堆垛、入库、出库等环节。装卸搬运是伴随运输和仓储而产生的必要的物流活动，但是其本身并不产生任何价值。物流的主要环节，如运输和仓储等是靠装卸、搬运活动连接起来的，物流活动其他各个阶段的转换要通过装卸、搬运连接起来。

(3) 运输。

运输是对物品进行较长距离的空间移动。物流部门通过运输解决物品在生产地和需要地之间的空间距离问题，从而创造商品的空间效益。运输是物流的中心环节之一。其在经济上的作用是扩大了经济作用范围、在一定的经济范围内促进物价的平均化。随着时代的发展，社会分工越来越细，区域之间的物品交换更加频繁，促进了运输技术的革新和运输水平的提高。反过来说，运输手段的发达也为产业发展创造了便利条件。

(4) 仓储。

仓储在物流系统中起着缓冲、调节和平衡的作用。仓储的目的是克服产品生产与消费在时间上的差异，包括储存、管理、保养、维护等活动。产品从生产领域进入消费领域之前，需要在流通领域停留一定时间，这就形成了商品储存。在生产过程中，原材料、燃料、备品备件和半成品也需要在相应的生产环节之间有一定的储备，作为生产环节之间的缓冲，以保证生产的连续进行。

(5) 流通加工。

在流通过程中辅助性的加工活动称为流通加工。流通与加工的概念本属于不同范畴。加工是改变物质的形状和性质，形成一定产品的活动；而流通则是改变物质的空间状态与时间状态。流通加工的目的是弥补生产过程中的加工不足，更有效地满足用户或本企业的需要，使产需双方更好地衔接。

(6) 配送。

配送是面向区域内、短距离、多频率的商品送达服务。与运输功能相比，配送具有自身的特点，如配送中心到门店、用户等的物品搭配及空间位移均可称为配送。

(7) 信息。

物流活动进行中必要的信息称为物流信息。所谓信息，是指用符号传送的，能够反映事物内涵的知识、资料（包括文字、图像、数据、语言等）的报道。信息是事物的内容、形式及其发展变化的反映。因此，物流信息和运输、仓储等各个环节都有密切关系，在物流活动中起着神经系统的作用。加强物流信息的研究才能使物流成为一个有机系统，只有及时收集和传输有关信息，才能使物流通畅化、定量化。

1.1.2 物流管理

1. 物流管理概述

物流管理（Logistics Management）是指在社会再生产过程中，根据物质资料实体流动的规律，应用管理的基本原理和科学方法，对物流活动进行计划、组织、指挥、协调、控制和监督，使各项物流活动实现最佳协调与配合，以降低物流成本，提高物流效率和经济效益。现代物流管理是建立在系统论、信息论和控制论的基础上的。

现代物流管理主要有四个特点：以实现客户满意为第一目标，以企业整体最优为目的，以信息为中心，重效率更重效果。

物流管理的原则有如下几点。

①在宏观上，坚持物流合理化的原则，对物流系统的构成要素进行调整改进，实现物流系统整体优化。除了完善支撑要素建设外，还需要政府以及有关专业组织的规划和指导。

③在微观上，除了实现供应链的整体最优管理目标外，还要实现服务的专业化和增值化。现代物流管理围绕着成本和服务展开，即在努力削减物流成本的基础上，努力提升物流的增值性服务。

④在服务上，具体表现为7R原则，即合适的质量（Right Quality）、合适的数量（Right Quantity）、合适的时间（Right Time）、合适的地点（Right Place）、优良的印象（Right Impression）、合适的价格（Right Price）和合适的商品（Right Commodity）。

2. 物流管理的基本内容

（1）物流作业管理。

物流作业管理是指对物流活动或功能要素的管理，主要包括运输与配送管理、仓储与物料管理、包装管理、装卸搬运管理、流通加工管理、物流信息管理等。

（2）物流战略管理。

物流战略管理是对企业的物流活动实行的总体性管理，是企业制定、实施、控制和评价物流战略的一系列管理决策与行动，其核心问题是使企业的物流活动与环境相适应，实现长期、可持续发展。

（3）物流成本管理。

物流成本管理是指有关物流成本方面的一切管理工作的总称，即对物流成本所进行的计划、组织、指挥、监督和调控。物流成本管理的主要内容包括物流成本核算、物流成本预测、物流成本计划、物流成本决策、物流成本分析、物流成本控制等。

（4）物流服务管理。

所谓物流服务，是指物流企业或企业的物流部门从处理客户订货开始，直至商品送交客户过程中，为满足客户的要求，有效地完成商品供应、减轻客户的物流作业负荷，所进行的全部活动。

（5）物流组织与人力资源管理。

物流组织是指专门从事物流经营和管理活动的组织机构，既包括企业内部的物流管理和运作部门、企业间的物流联盟组织，也包括从事物流及其中介服务的部门、企业以及政府物流管理机构。

（6）供应链管理。

供应链管理是用系统的观点通过对供应链中的物流、信息流和资金流进行设计、规划、控制与优化，以寻求建立供、产、销企业以及客户间的战略合作伙伴关系，最大限度地减少内耗与浪费，实现供应链整体效率的最优，并保证供应链成员取得相应的绩效和利益。

3. 物流管理的基本任务与目标

广泛采用现代物流的组织方式和现代物流技术，提高物流合理化水平，降低物流成本，提供优质的物流服务是现代物流管理的基本出发点。也就是说，物流管理的目标就是以最低的成本向用户提供满意的物流服务。根据这个目标，物流管理要解决的基本问题，就是把合适的产品以合适的数量和合适的价格在合适的时间和合适的地点提供给客户。

物流管理强调运用系统方法解决问题。现代物流的各环节原本都有各自的功能、利益和观念。系统方法就是利用现代管理方法和现代技术，使各个环节共享总体信息，把所有环节作为一体化的系统来进行组织和管理，在尽可能低的总成本条件下，提供有竞争优势的客户服务。系统方法认为，系统的效益并不是它们各个局部环节效益的简单相加。系统方法意味着对于出现的某一个方面的问题，要对全部的影响因素进行分析和评价。从这一思想出发，物流系统并不简单地追求在每个环节上各自成本最低，因为物流各环节的效益之间存在相互影响、相互制约的倾向，是交替易损的关系。比如过分强调包装材料的节约，就可能造成货物破损，运输和装卸的费用上升。因此，系统方法强调要进行总成本分析和成本权衡应用的分析，以达到总成本最低，同时满足既定的客户服务水平的目的。

4. *物流管理的发展经历*

物流管理起源于第二次世界大战中军队输送物资装备，后被广泛应用于工业界，极大地提高了企业的运作效率，为企业赢得更多客户。当时的物流管理主要针对企业的配送部分，即在成品生产出来后，如何快速、高效地通过配送中心把产品送达客户，并尽可能维持最低的库存量。在这个初级阶段，物流管理只是在既定数量的成品生产出来后，被动地迎合客户需求，将产品运到客户指定的地点，并在运输的领域内实现资源最优化使用，合理设置各配送中心的库存量。准确地说，这个阶段并未真正出现物流管理，有的只是运输管理、仓储管理和库存管理。

现代意义上的物流管理出现在 20 世纪 80 年代。人们发现利用跨职能的流程管理的方式去观察、分析和解决企业经营中的问题非常有效。通过分析从物料到产品的整个流通过程，企业可以消除很多看似高效率却实际上降低了整体效率的局部优化行为。因为每个职能部门都想尽可能地利用其产能，不留富余,一旦需求增加,则处处成为瓶颈,进而导致整个流程的中断。所以传统的垂直职能管理已不适应现代大规模工业化生产,而横向的物流管理却可以综合管理每一个流程上的不同职能,以取得整体最优化的协同作用。

在这个阶段,物流管理的范围扩展到除运输外的需求预测、采购、生产计划、存货管理、配送与客户服务等,以系统化管理企业的运作,达到整体效益的最大化。

在一个典型的制造企业中,其需求预测、原材料采购和运输环节通常叫作进向物流,原材料在工厂内部工序间的流通环节叫作生产物流,而配送与客户服务环节叫作出向物流。物流管理的关键是系统地管理从原材料、在制品到成品的整个流程,以保证在存货最低的条件下,物料畅通地运入、加工、运出并交付到客户手中。

1.2 汽车生产物流工程

1.2.1 汽车生产物流

1. 汽车生产物流概述

要明确汽车生产物流,就必须将其与汽车销售中的整车物流区分开来。汽车生产中的物流主要指的是将零部件配送到生产现场,也可以称为零部件物流,它与整车生产成本密切相关。

在汽车生产物流过程中,存在零部件厂商、入厂检验、仓库和生产现场几个关键环节。零部件由零部件厂商生产并装箱,通过货车、火车等交通工具将其送至整车厂。零部件在入厂检验处卸货,同时仓库的人员将零部件的材料、数量以及包装形式与供货单核对。核对无误后,运入仓库储存。仓库根据先进先出的原则,在收到生产现场的需求后,通过叉车或其他运输工具即时将零部件配送到适当的工位,同时将生产现场的空箱装车后运回零部件厂商。这样就形成了一个零部件的环流,整个过程如图1-1所示。如何以最低成本保证这一环流的顺畅运行就成为汽车生产物流工作的关键。

很明显,汽车生产过程是围绕生产现场这个核心运转的,如图1-2所示。

1 汽车生产物流工程概述

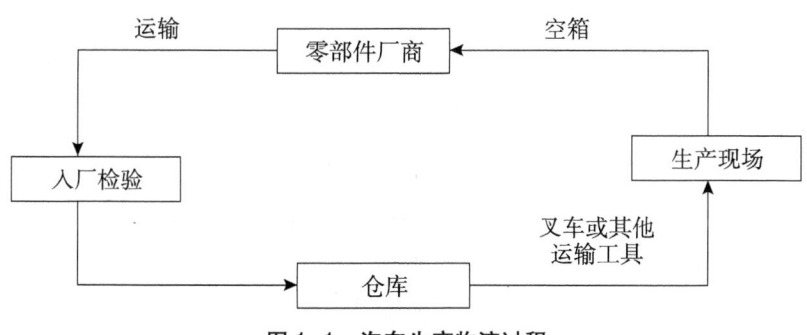

图 1-1 汽车生产物流过程

因而，物流系统也是围绕生产环节展开。在这个环节中，汽车生产物流的关键在于如何使工人能够在最短时间内找到所需装配的零部件并将其最方便地装配到整车上。为了达到这一目标，就必须合理规划搬运设备数量、零部件放置位置等问题。为了保证生产的顺畅进行，必须将零部件按时按量准确地运送到指定的工位，这就对物料准备提出了要求。在这一环节，物料必须明确分类标识并放置到规定的物料架上。这就需要建立有效的物料调度系统。在汽车生产企业中，一个成功的物流系统绝不能只关注单一环节，而应该考虑到整个系统的各个方面。任何环节的不稳定都将对整个系统产生巨大的影响，从而给汽车生产造成重大损失。汽车生产物流的核心环节如图1-2所示。

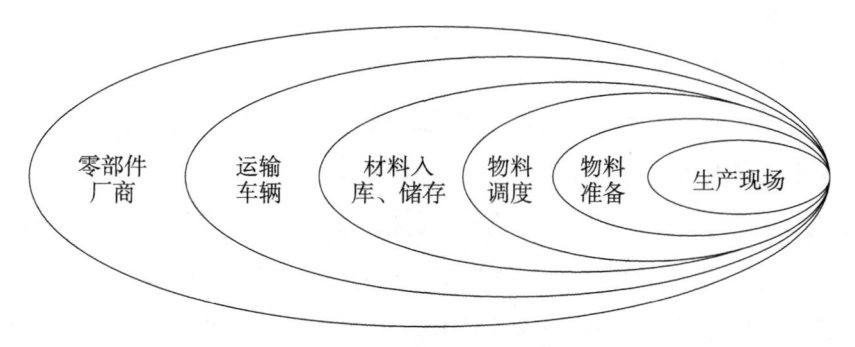

图 1-2 汽车生产物流的核心环节

在物流的背后还存在着一个信息流，它贯穿于整个生产过程的各个环节中。以德国的大众集团为例，大众集团的每个零部件都拥有多张信息卡。首先是供货卡，它主要用于同各个零部件厂商之间的信息交流，卡上记载着零

9

部件数量、零部件标识、零部件编号、供货厂商以及包装形式等信息，由零部件厂商负责在装车时贴在每个集装箱上。这样，当零部件运到整车厂卸货时，整车厂就可以方便地核对零部件的数量。此外，各种零部件还有各自的信息卡。这张信息卡贴在物料架上，此信息卡包括物料架中零部件名称、零部件数量和零部件编号等信息，并且在信息卡的左侧还有条码。每次当一个物料架上的物料用完时，工作人员就可以通过扫描条码将零部件需求信息输送到其他环节，使其根据相应的工作进程为零部件的供给做准备。

汽车生产中的零部件比较复杂，因而不同的零部件在物流各环节中的状态也各不相同。以德国大众集团为例，德国大众集团根据零部件状态的不同，将其主要分为三类。

①小规模分装零部件。这类零部件主要是指每辆车都必须安装的一些专用汽车的零部件，如蓄电池。这类零部件本身体积较大，由零部件厂商做成模块后运输到整车厂，直接根据整车厂生产中的物料架安放零部件。当这类零部件运到仓库后，就不需要再重新分装，可以直接送到所需工位。

②小规模分装通用件。这类零部件是一些起固定作用的通用件，如垫片、螺栓等。这类零部件由零部件厂商生产后，装入一个较大的集装箱运到整车厂。由整车厂的人员在仓库内进行分类并装入生产时所需要的物料架中，然后送到所需工位。

③货物篮零部件。这类零部件是一些比较复杂、状态较多的零部件，如内、外部装饰件。这类零部件由于形式比较复杂，在生产过程中，连续生产的两辆车往往选用不同的零部件。为了避免选用时产生错误，这类零部件由零部件厂商生产后运入仓库，由物流人员根据每辆车的不同需求装入货物篮，此后货物篮放在整车的车身上，随同整车通过各个工位进行安装。

这种分类方式，可以将汽车生产物流的成本降到较低水平，同时也降低了生产过程中发生错误的概率，缩短了生产时间。

2. 汽车生产物流的基本要求

汽车生产物流区别于其他物流系统的最显著的特点是它和整个汽车企业的生产作业紧密联系在一起。只有合理组织生产物流过程，才有可能使汽车生产处于最佳状态。如果汽车生产物流过程的组织化水平低，达不到基本要求，即使生产条件再好，也不可能顺利完成生产任务，更谈不上取得较高的经济效益。

汽车生产物流的基本要求包括以下几方面。

①整车生产物流过程的连续性。汽车企业的生产作业是一道工序接一道工序地往下进行，因此要求各种零部件能够顺畅地、省时地走完各工序，直至装配成成品车。

②整车生产物流过程的平行性。汽车企业在生产过程中通常需要装配多种半成品零部件。在装配生产时，需将各零部件分配至各个车间的不同工序进行生产，因此要求各支流平行移动。如果某一支流发生问题，整个生产物流都会受到影响。

③整车生产物流过程的节奏性。整车生产物流过程的节奏性是指在生产过程中的各阶段，包括从零部件出库到成品车装配完成入库，都能按计划有节奏、均衡地进行。它要求在相同的时间间隔内生产数量相近的零部件或成品，均衡地完成生产任务。

④整车生产物流过程的比例性。组成成品车的各零部件的物流量是不同的，存在一定的比例关系，因此形成了物流过程的比例性。

3. 汽车生产物流控制的内容

①汽车生产物流控制的核心是进度控制，即各种零部件在生产过程中的流入、流出控制以及物流量的控制。

②在制品库存控制主要是指在整车生产过程中对在制品进行静态、动态控制以及占有量的控制，包括在制品实物控制和信息控制。有效控制在制品，对及时完成作业计划和减少在制品库存积压均有重要意义。

③在作业过程中，要按预定时间及顺序检测执行计划的结果，掌握计划量与实际量的差距，并根据产生差距的原因、内容及严重程度采取不同的处理方法。首先，要提前预测差距，事先规划消除差距的措施，如动用库存、组织外协等；其次，为及时调整产生差距的生产计划，要及时将差距信息向生产计划部门反馈。

1.2.2 汽车生产物流工程

1. 汽车生产物流工程

广义的汽车生产物流工程包括厂址的选择、工厂总平面空间布置、供货入厂物流、设备布置、工艺流程设计、生产过程的时间及空间组织、出厂物流、售后备件物流、回收物流。

狭义的汽车生产物流工程也称厂区物流工程（车间物流工程），一般从材料投入生产开始，经过下料、发料、运送到各加工点，以在制品的形态，从一个生产单位流入另一个生产单位，按照规定的工程进行加工、储存，借助一定的运输装置，在某个点内流转，又从某处流出，始终体现着物料实物形态的流转过程，这一过程贯穿生产全过程和整个企业。

2. 汽车生产物流工程特点

汽车是由上万个零部件组成的复杂整体，涉及几百种材料和几十个行业。当今，对汽车品种多样化的要求更增加了汽车生产组织和汽车生产物流工程的复杂性，主要体现在以下几个方面。

（1）产品结构的复杂性。

为方便组织生产，汽车产品设计时都是分成若干子系统（如发动机系统、车身系统、底盘系统等），子系统又可分为若干总成，总成又可拆分成多个零部件，产品的总体结构相当复杂。

（2）生产方式的多样性。

在生产方面，轿车及客车以大批量生产为主，重型汽车和专用车则以批量生产为主。

（3）生产工序的交融性。

由于汽车产品由多种零部件构成，零部件的生产工艺各有不同，因而在汽车生产中包含并交叉了成批生产系统的生产工序和连续生产系统的生产工序。

（4）汽车生产的专有性。

汽车零部件的加工与其他零部件的加工在原理上没有很大差异，但汽车生产中包含许多专门技术，采用各种自动生产线，如汽车装配会采用装配流水线。

1.2.3 汽车生产物流工程主要内容

生产企业的物流工程管理系统由三部分构成：物资管理、生产过程物流和实物配送。这三个部分依次贯通，构成企业完整的物流过程。物资管理主要涉及与企业供应有关的内容，包括供应商的选择、订货模式的决定、采购订单作业、生产物料计划等内容。生产过程物流主要指生产过程中原材料、半成品等在仓库、生产车间中的流动，又称企业内部物流。实物配送主要是指企业产成品的向外流动，包括运输、仓储、配送计划、货物交付、售后服务等内容，是企业的向外物流，因其与营销活动的密切联系，又被称作营销物流。对于汽车生产企业而言，物流工程管理系统可以归纳为五个方面：运输管理、存货管理、设施构建、物料处理以及信息与通信。

1. 运输管理

（1）企业自有车队运输/委托外部运输公司经营的决策。

即企业究竟是采用自有车队运输还是委托外部运输公司（外部承运人）代为运输。采用自有车队运输便于控制，但是需要占用企业资金，且管理成本会上升。委托外部运输公司代为运输可以节约企业资金，但是对其控制能力会低于对自有车队的控制，且会带来企业间的交易成本。因此需要从总成本角度进行比较后再决策。

（2）运输方式的选择。

企业可以选用的运输方式有多种，常用的有航空运输、水路运输、铁路运输、公路运输和管道运输。除管道运输较为特殊，主要用于运送液体和气体以外，其他四种运输方式之间基本可以通用。运输方式不同，运输的速度和成本也各不相同。企业需要比较不同运输方式对运输成本、存货成本、仓储成本的影响后作出选择。随着竞争的激烈化和存货成本对企业造成的压力日益上升，存货成本的削减对企业来说变得非常重要，因此在选择运输方式时，越来越多的企业开始关注运输的速度与质量。

(3) 向内运输与向外运输的整合。

一般企业都会同时存在向内运输和向外运输，将两者结合，实现内外运输的整合，是降低空车驾驶率和运输成本的一个重要手段。而这种整合，需要采购部门与销售部门的协调运作。如果企业设立了综合物流部，将物流作业整合起来，则更易实现运输上的协调。

(4) 国际运输管理。

如果货物需要实现跨国流动，就要安排国际运输。相比于国内运输而言，国际运输要复杂得多。首先，涉及进出口的手续，包括通关、商检等；其次，运输距离大大增加，运输的时间和成本也大大增加；最后，很少有企业可以凭借自身资源完成货物的跨国流动，因此对于国际运输，一般企业都是委托外部运输公司代为运输，这就涉及承运人的选择与管理问题。

2. 存货管理

(1) 采购。

采购是企业存货的根源，采购政策会直接影响企业的存货水平，采购的成本与质量也会直接影响企业的存货成本与质量。因此，采购部门应与生产和销售部门保持密切联系，确保充分供应生产和销售需要的存货，同时，基于需要的采购也可以避免存货水平的过度上升。

(2) 原材料存货管理、半成品存货管理、产成品存货管理。

企业存货形态多种多样，有原材料、半成品和产成品，此外还包括生产、办公耗材等，前三种是存货管理关注的主要领域。存货管理包括存货结构管理、存货水平管理、存货补给管理、存货流动速率控制等，是企业物流管理的最重要内容。

(3) 服务与零部件支持。

产品售后服务及相关的零部件与维修保养材料的计划与管理也十分重要。例如，汽车生产企业在根据生产需要制造发动机时，还要根据所生产的车辆总量按一定比例生产出车辆维修所需的发动机或发动机零部件，并投放到维修系统中去。

3. 设施构建

设施构建主要包括两方面。一是厂房、仓库与配送中心的选址。这三处是物流系统中的节点,是运输活动的起点或终点,这些设施的数量和选址会直接影响点与点之间的运输距离,从而对运输成本和到达时间产生决定性影响,是物流管理中一个非常重要的内容。且由于它涉及企业的长远投资,一般属于企业的战略性物流决策。二是厂房、仓库与配送中心的建造。在进行厂房、仓库与配送中心建造时,需要根据生产、储存和物料移动的特点以及所处理货物的特性等进行综合决策。

4. 物料处理

物料处理主要包括三方面。一是产品包装。产品包装分为内包装和外包装,内包装又称销售包装,主要目的是吸引消费者的注意力,刺激购买欲望以及便利消费者购买和使用;外包装又称运输包装,主要目的是保护货物和便于搬运。汽车生产物流所关注的是后者。由于包装方式会对产品的搬运与储存产生直接影响,因此,把产品包装放在物料处理中进行讨论。产品包装的成组化对于产品的搬运效率与存放空间的有效利用起着重要影响。二是物料搬运。物料搬运是指物料在设施内部的短距离位移活动。其效率取决于库房的构造以及物料搬运系统的效率。三是挽救与丢弃处理。这部分是指对于库房中的受损物料或过时、过期物料的处理。恰当的挽救措施可以使受损物料重新具有价值,而对于无法挽救的物料也需要根据有关规定进行妥善丢弃处置。

5. 信息与通信

信息与通信涉及与物流相关的信息系统作业,主要包括三方面。一是需求预测。需求预测是企业经营活动的先导,准确、及时预测可以减少企业的缺货情况并降低企业的安全库存水平。由于市场是瞬息万变的,完全准确的预测几乎不可能,所以企业不得不持有一定数量的超量库存以备不时之需。但是预测精度的提高可以帮助企业降低安全库存的需要量,从而降低存货成本。以往企业的需求预测多是由营销部门来完成,但往往预测数据只是营销部门希望达到的销售目标。现在,有些企业开始由物流部门承担需求预测工作,因为物流部门是直接与市场和客户接触的部门,物流部门所捕捉到的销售点信息是市场需求的最真实反映。二是订单作业。订单作业指的是企业接收客户订单并按照客户订单要求将货物送达客户手中的过程,订单作业效率与效果直接影响到客户能否在指定时间和地点收到所需的完好状态的货物。企业订单作业是由物流部门来完成的,物流部门的作业人员收到客户订单以后会进行客户资信度和库存水平与地点检查,随后向仓库发出发货指令并联络自有车队或外部承运人。仓库收到指令后,会按照订单要求进行货物拣选和包装,最后由自有车队或外部承运人将货物交付到客户手中。在上述整个过程中都离不开信息的流动,如客户订单的传送、客户资信记录的检查、库存点与库存水平状态的查询以及仓库、车队的信息作业等。此外,还有越来越多的客户要求供应商提供订单状态即时查询等。三是制造资源计划。这是企业完成制造过程所需的各种资源的需求计划。企业制造涉及物料、机器设备、人力、资金等多种资源的投入,计算起来相当复杂。目前企业通常采用计算机软件辅助进行,常用的软件有 ERP 等。

1.3　工业 4.0 与汽车智能生产新趋势

　　对汽车工业而言,其革命性、颠覆性变化可能会体现在 3 个层面:一是汽车产业竞争格局发生解构;二是汽车产业的边界面临重构;三是汽车在人类经济社会中的定位和作用出现深刻变化。有的专家认为,汽车产业很可能是在中国较早应用"工业 4.0"概念的领域之一。

　　众所周知,德国的汽车制造业一直以来都是领头羊,但在近几年的发展过程中,其地位受到了越来越大的挑战。随着全球化深化,德国的汽车制造业所面临的很多问题也成为当今全球汽车制造业所需应对的挑战,包括如何提高能源利用率,如何在产品越来越复杂的情况下进一步缩短交货期,如何更好地满足日益增多的小批量、多批次的定制化或半定制化生产需求,如何应对全球人口结构的变化和劳动力短缺等。与此同时,多个地区提出"再工业化"战略,大力发展"工业互联网"或"先进制造";日本在强调"无人化工厂";中国也提出了"中国制造 2025"规划。

　　工业将重新成为全球未来经济重要的稳定增长点,加上互联网时代这个大背景，使如今的汽车制造业处于变革的前夜。工业自动化技术的进步为汽车制造业的跨越式发展提供了重要支撑。工业机器人其实在多年前就已被应用于汽车工业，主要用于焊接、搬运、喷涂等的作业。所以，虽然"工业4.0"是个新词，但其所包含的很多技术、内容和构想都早已被应用于汽车生产过程中。作为世界顶尖的汽车制造企业之一的宝马，在给"工业4.0"起名的时候就开始参与该项目。项目中涉及的有些主题，最早是从宝马的工厂中总结出的，有的甚至已在宝马的工厂中处于铺开阶段。"工业4.0"的提出将进一步推动整个汽车产业从效率、节能、信息化、安全化等各方面进行综合性的产业升级。另外，在"工业4.0"概念的影响下，汽车行业将更重视提高能源利用率，完善人与机器之间的组织协作。

除了对制造端的影响，汽车行业的供应与售后体系也将被重构，或者说会形成更复杂的供应链和价值链，以及吸引更多的参与者。"工业4.0"不仅意味着技术和生产过程的转变，还意味着整个管理体系和组织的重构，所以"工业4.0"注重价值网络的横向集成，主要是指公司外部的商业模式和协作伙伴关系的集成。随着汽车制造业逐步向"工业4.0"时代转变，汽车制造企业在生产环节不断智能化，也将直接推动汽车庞大前后端体系的重构。

1.3.1 汽车制造业与汽车物流业联动发展

1. 两业联动发展日益明显

随着我国市场经济行为的大范围渗透、市场机制的逐步完善和产业结构的调整升级，汽车制造业和物流业的互动关系越来越密切。信息技术的不断发展，也使物流业迅速成为在全球具有巨大潜力和发展空间的新兴服务产业，并成为衡量一个国家或地区经济发展水平、产业发展环境和企业竞争力的重要标志之一。

在国内汽车制造企业中，合资品牌占了绝大多数。组成整车的零部件成千上万，而核心零部件多为进口件。随着供应链管理概念的深入人心和自主品牌发展的突飞猛进，我国已经成为全球汽车零部件的制造与采购基地，物流活动遍及全世界。2024年，国内汽车产量已超过3100万辆。如此可观的市场需求，极大地促进汽车制造业和汽车物流业的联动发展。

2. 我国汽车产业集群的分布特征为汽车物流服务需求创造了巨大的空间

（1）汽车生产基地布局高度集中。

从空间分布上看，汽车生产基地集中在华北地区、长三角地区。

（2）汽车零部件生产基地以整车制造企业为轴心。

汽车零部件生产基地分布在汽车制造企业所在的主要城市及周边地区，汽车零部件产业基本形成了以整车制造为轴心的空间布局，即集中分布在上海、广州、长春、武汉、京津、重庆六大产业圈，产业规模在我国汽车零部件生产中占主体地位。

（3）供应链体系呈现高度的垂直分布式结构。

目前，汽车制造业高度纵向一体化，整车厂往往都有自己配套的零部件生产厂，使汽车产业的供应链集群效应更为明显。

（4）汽车消费市场的区域分布呈扩散和下沉的特征。

汽车销售重心自沿海发达地区、中心城市向中小城市和西部地区辐射，整车销售网络布局下沉到这些城市。从销售总量来看，广东、山东、浙江、江苏、北京、河北、四川、上海、河南、辽宁十省（直辖市）的销量占全国总销量的64%，其他地区的规模都相对较小并比较均衡。这就呈现出了全国各省汽车产销量不均衡的局面，由此造成流入、流出的物流量差异，扩大了运输的不均衡性。

（5）公路运输竞争力提升。

仅就乘用车运输业务而言，如果按年均10%~20%的增速计算，将形成巨大的需求空间。这使越来越多的汽车制造企业将其物流管理的战略定位为"集成精敏战略"。具体来说，就是将采购、生产、销售和服务过程中的所有物流活动有机地集成起来，并对之进行系统性优化；对市场预测、订单需求、计划供应、国产化推进、制造工艺流程、生产组织模式、物流运作与管理等过程进行集成分析，并对其进行系统化协调和提升。集成精敏战略的目标就是使物流系统更具柔性、更易持续改进、更能适应市场需求的动态变化，使企业更加具有市场竞争力。

可以这样说，汽车制造业的高速发展释放了汽车物流需求的巨大能量，而现代物流业的发展又推动了汽车制造业的改造升级和快速发展。汽车制造业的发展历程，也是其生产物流工程与供应链的发展历程。

1.3.2 汽车制造业由预测推动转变为订单拉动生产

全球汽车行业普遍存在着产能过剩、产销率显著下降的问题。美国汽车经销商的整车平均库存大约为60天的产量，欧洲汽车经销商的整车平均库存大约为8周的产量，我国汽车行业产能过剩率约为25%。另外，汽车市场趋于成熟，消费者趋于理性，传统的以库存预测推动的生产方式已经不能适应激烈的全球竞争环境，汽车行业面临着前所未有的困境。

MTO（Make to Order）模式基于准确预测的假设，但是这个假设并不符合或不太符合我国汽车市场的真实情况。预测失真会造成企业的盲目生产和盲目扩大产能的行为。

当前，汽车制造企业面临着"3C"（顾客、竞争、变化）的外部环境，顾客需求越来越个性化，在市场全球化、技术更新速度加快的背景下，竞争更加激烈。汽车行业也不例外，各汽车制造企业在成本、质量、服务上呈现同质化的趋势，而在买方市场环境下顾客需求正日趋多样化，要求企业能够对顾客的多样化需求作出快速响应。在这种情况下，只依靠一个汽车制造企业对顾客进行快速响应是不现实也不经济的，从而要求汽车制造企业善于利用外部资源和公共资源，联合相关企业来共同满足顾客的需求，进而形成新的组织形式——供应链。供应链模式与生产模式密切相关，供应链管理战略也要与生产模式相适应，只有这样企业才能从供应链管理的过程中实现战略目标。

随着全球经济一体化进程的加快，市场竞争正在由企业之间的竞争转向企业在供应链上的竞争，如何提高供应链的整体竞争优势是企业普遍关心的问题。供应链管理的精髓就在于企业间的合作，战略合作伙伴的选择必须建立在对供应链内外部环境详细分析的基础之上，根据不同的环境选择不同的合作方式，使链上的每个企业都将自身有限的资源集中于核心业务，从而最大限度地发挥企业自身的优势，最终提高供应链的整体竞争力。因此，从理论上研究汽车制造企业供应链管理理论，构建汽车制造企业精益供应链体系及其绩效评价体系，对于更加有效地指导我国企业，特别是汽车制造企业的物流供应链管理实践具有积极的意义。

在优化的过程中，应重点关注业务流程再造、延伸到销售商的需求管理、BOM 的优化，以产品特征为单元进行计划管理，实现用户个性化订单和预计交付日期的可靠性和产能协调。

1.3.3　汽车制造企业物流与供应链管理精益化的趋势

据统计，制造业物流总额占社会物流总额的比重接近 90%。汽车制造业的物流需求正在随着汽车及其服务需求的快速增长而迅速变大，我国汽车制造业正在伴随着汽车物流业迅猛发展。

物流业务的范围已经从过去单一的运输和仓储拓展到采购、生产、销售、服务和逆向物流，企业物流的目标已经从过去单纯降低库存、提高运输效率提升为通过集成优化，降低物流综合成本和提高企业运作效率；物流管理已经从过去的粗放型模式演变为以关键绩效指标为依据的精细化模式；客户对物流服务速度的要求从过去的大约式精细到了以小时为单位来衡量满意度。这些都给建立适应企业经营战略的物流运作模式提出了新的课题。

汽车制造企业是汽车制造供应链的管理者，核心企业要根据供应链管理的需要，与战略合作伙伴一起，以满足顾客需求为宗旨，不断设计和修正供应链的内外结构及业务流程，组合资源要素。也就是说，对外通过业务外包实现企业外部资源的综合利用，对内则集中优势资源对主营业务进行提升，以供应链的优势支持企业保持和扩大持久竞争力。

对以主机厂为龙头的汽车制造企业而言，其运作模式的建立必须综合考虑以下主要因素。

①充分认识各项汽车生产工艺和物流系统运作的特点及其重要性，将产品规划、工业化规划、供应商布局、工厂设计、物流节点选址、制造工艺、物流运作及管理视为一个完整系统来研究。

②充分关注几个协调，营造和谐物流。包括物流运作模式与工业化目标的协调，商务需求与制造工艺及物流准备周期的协调，生产计划柔性与执行过程刚性的协调，在制品整车物流按预定顺序生产与零部件物流配送的协调，国产化推进与供应保障的协调，工艺更改启动与零部件断点管理的协调，成本、期限与质量的协调等。

③充分考虑物流的规模效应。包括物流节点设施的选址和布局、社会物流资源的综合利用、供应链结构、地区经济和国民性特征，以及相关法律法规等。

④充分利用社会物流资源，剥离管理和业务，控制管理环节，外包非主营业务，提高物流业务产业化和社会化程度，企业物流与社会物流的联营形成资源共享格局。

各汽车制造企业希望通过建立一整套适应于本企业经营战略目标和管理模式的物流系统绩效评价体系，使企业在明确自身物流总成本的基础上，识别主要矛盾，开展供应链持续改善行动；在优化业务流程的过程中，改善运作模式、利用先进技术和手段对供应链进行精益化动态管理，以降低成本、提高效率和效益来增强企业的竞争力。同时，也希望行业协会建立相关方法、标准和指标体系，让各企业借助规范、科学的指标体系和方法，实施"标杆管理"，也为全行业及社会物流成本分析部门提供一套科学的物流成本统计方法和计算模式。

令人欣喜的是，有些企业正在进行该领域的项目研究和实践：以系统观点和系统工程的方法作为指导方针，建立项目研究目标和工作模式，以项目管理的方式推进和实施；以企业经营战略为项目研究基础，建立与之相适应的物流运作模式，从而确立物流与供应链系统的战略和战术方案，创建符合企业经营战略和管理模式的绩效指标体系。

1.3.4　供应链管理促进物流行业整合和业务流程重组

随着金融风暴的蔓延，汽车市场的竞争更加激烈。成本和效益的双重压力迫使企业不得不注重在管理方面追求效益。随着汽车价格的不断下降，原材料价格、人力资源成本的不断上升，汽车制造企业更加关注通过供应链管理来降低成本，不可避免地会将一部分压力转移至第三方物流服务商，致使已经面临能源涨价压力的物流服务商不堪重负。在这样的压力下，国内资源雄厚、专业化水平高的大型汽车物流企业兼并中小规模的物流企业、导入外部资本、实现资源整合已经势在必行。

管理的特点就是关注过程，即流程。如今，现代供应链管理的理念正在逐步深入人心，物流新技术和管理工具不断推出，为物流业务流程重组打造了坚实的基础和应用环境。

在流程有序和均衡中"提速"；在简单和快捷的基础上设计流向，保证高效；在促进规模形成的过程中，保证供应链实现增值。

业务流程重组需要企业的信息系统进行适应性演变，而系统的演变又会对规范供应链管理的业务流程、运作效率和管理精益化起到促进作用。重组后的业务流程借助新的信息支持系统和自动化数据采集技术，能够及时、准确地提供对企业决策有帮助的信息，提高决策的科学性和可行性。

1.3.5　汽车销售及后市场服务导入电子商务新模式

电子商务在促进经济发展方式转变、保持经济创新活力等方面发挥着越来越重要的作用，传统的三维体系借助电子商务的普及让时间与空间得到集成，逐渐形成了四维体系。

对汽车制造企业而言，强大的汽车物流工程保障体系是企业发展的主干根基，发达的电子商务是企业发展的神经网络，打造电子商务与实体物流协同发展的汽车生产供应链管理新模式将是汽车制造企业的发展方向。

2 汽车制造业生产计划与控制

2.1 汽车制造企业生产计划

2.1.1 生产计划的含义

生产计划是企业为了生产出符合市场需要或顾客要求的产品,所确定的在什么时候生产、在哪个车间生产以及如何生产的总体计划。企业的生产计划是根据销售计划制订的,它又是企业制订物资供应计划、设备管理计划和生产作业计划的主要依据。

生产计划的主要指标有品种、产量、质量、产值和出产期。

品种:它是企业在计划期内生产的产品品名、型号、规格和种类数。

产量:它是企业在计划期内出产的合格产品的数量。产量指标是企业进行供产销平衡和编制生产计划、组织日常生产的重要依据。

质量:它是企业在计划期内产品质量应达到的水平,常采用统计指标来衡量,如一等品率、废品率等。

产值:它是用货币表示的产量指标,能综合反映企业生产经营活动成果,以便于不同行业比较,根据具体内容与作用不同,分为商品产值、总产值与净产值三种。

出产期:它是为了保证按期交货所确定的产品出产期限。

2.1.2 生产计划的构成

汽车制造企业的生产计划一般来说由三部分构成:综合生产计划、主生产计划和物料需求计划。

1. 综合生产计划

综合生产计划是在一定的计划区域内,以生产计划期内成本最小化为目标,用每个时段的需求预测数量,确定不同时段的产品生产数量、生产中的库存量和需要的员工总数。

综合生产计划并不具体到每一品种的生产数量、生产时间、每一车间和人员的具体工作任务,而是按照以下的方式对产品、时间和人员进行综合安排。

(1) 产品。

按照产品的需求特征、加工特性、所需人员和设备的相似性等,将产品综合为几大系列,根据产品系列制订综合生产计划。

(2) 时间。

综合生产计划的计划期通常是 1 年(有些生产周期较长的产品,如大型设备等可能是 2~3 年),因此有些企业也把综合生产计划称为年度生产计划或年度生产大纲。在该计划期内,使用的计划时间单位是月、双月或季。

(3) 人员。

综合生产计划可用几种方式来考虑人员安排问题,例如,按照产品系列分别考虑生产各系列产品对人员的要求;将人员根据产品的工艺特点和人员所需的技能水平分组等。综合生产计划中对人员的考虑还包括因产品需求变化引起的人员需求数量变动时,决定是采取加班还是扩大人员数量等策略。表 2-1 为 K 公司的综合生产计划。

表 2-1　　　　　　　　K 公司的综合生产计划

	1月	2月	3月
A 系列产品产量/台	1000	1500	3000
B 系列产品产量/台	4000	4000	4000
总工时/分钟	3250	3400	3750

2. 主生产计划

主生产计划确定每种最终产品在每一具体时间段内的生产数量。这里的最终产品是指对于企业来说最终完成、要出厂的生产成品，它可以是直接用于消费的消费产品，也可以是其他企业使用的部件或配件。主生产计划通常以周为单位，在有些情况下，也可能是月、旬或天。根据表2-1的综合生产计划所制订的主生产计划见表2-2，其中，A系列产品分为A1型、A2型、A3型三个型号。

表2-2　　　　　　　　　　K公司的主生产计划

	1月				2月				3月			
周次	1	2	3	4	5	6	7	8	9	10	11	12
A1型产量/台		120		120		150		150		300		300
A2型产量/台	150	150	150	150	250	250	250	250	500	500	500	500
A3型产量/台	80		80		100		100		200		200	
月产量/台	1000				1500				3000			

3. 物料需求计划

在主生产计划确定之后，为了能顺利实施，就要确保计划产量所需的全部物料（原材料、零部件等）以及其他资源的正常供应。

物料需求计划要解决的是在按主生产计划进行生产的过程中对相关物料的需求问题，而不是对这些物料的独立的、随机的需求问题。这种相关需求的计划和管理比独立需求要复杂得多，对于一个企业来说十分重要。

综合生产计划、主生产计划以及物料需求计划之间的关系如图2-1所示。

2.2　生产计划编制方法

2.2.1　甘特图法

甘特图（见图2-2）是作业排序中常用的一种工具，最早由亨利·劳伦斯·甘特（Henry Laurence Gantt）提出。这种方法是基于作业排序的目的，将活动与时间联系起来。甘特图具有简单、醒目和便于编制等特点，在企业管理工作中被广泛应用。甘特图按反映的内容不同，可分为计划图表、负荷

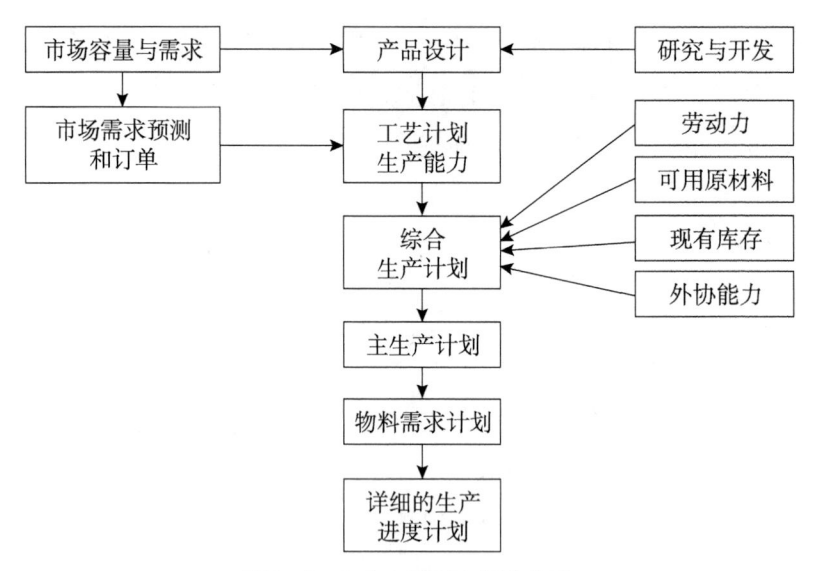

图 2-1 各生产计划之间的关系

图 2-2 企业采购与生产计划甘特图

图表、机器闲置图表、人员闲置图表和进度表五种形式。图表内以线条、数字、文字代号等来表示计划（实际）所需时间，计划（实际）产量，计划（实际）开工或完工时间等。

2.2.2 滚动计划法

滚动计划法是根据一定时期计划的执行情况，考虑企业内外环境条件的变化，调整和修订出来的计划，并相应将计划期顺延一个时期，把近期计划和长期计划结合起来的一种编制计划的方法。在计划编制过程中，尤其是编制长期计划时，为了能准确地预测影响计划执行的各种因素，可以采取"近细远粗"的办法，即近期计划订得较具体，远期计划订得较粗略。在一个计划期终了时，根据上期计划执行的结果和产生条件、市场需求的变化，对原定计划进行必要调整和修订，并将计划期顺序向前推进一期，如此不断滚动、不断延伸。例如，某企业在2005年年底制订了2006—2010年的五年计划，如采用滚动计划法，到2006年年底，根据当年计划完成的实际情况和客观条件的变化，对原本的五年计划进行必要调整，在此基础上再编制2007—2011年的五年计划。其后以此类推。

可见，滚动计划法能够根据变化的组织环境及时调整和修正组织计划，体现了计划的动态适应性。而且，它可使中长期计划与年度计划紧密衔接。

滚动计划法既可用于编制长期计划，也可用于编制年度、季度生产计划和月度生产作业计划。不同计划的滚动期不一样，一般长期计划按年滚动，年度计划按季滚动，月度计划按旬滚动等。

2.2.3 分层编制法

对于一般的制造企业来说，其组织结构可分为不同的层次，较常见的是3级模式：工厂级、车间级、班组（工作地）级。相应地，在企业的实际生产计划中，分层式生产计划通常也分为3个层次：高层计划、中层计划、低层计划，即厂级生产计划、车间级生产计划和班组级作业计划，有时也用产品级生产计划、零部件级生产计划和工序级作业计划表示。尽管还有其他分层方法，但这种是最为常见的，因为既与制造企业组织结构的层次相吻合，也与产品的结构和工艺相对应，比较符合企业管理的习惯。3级计划的总体结构如图2-3所示。

产品级生产计划主要确定各种产品在计划期内各时间阶段的生产数量，在满足客户需求的情况下使总生产费用最小。产品级生产计划覆盖的时间范围通常为1年。产品级生产计划生成后，将其分解为零部件级生产计划，确

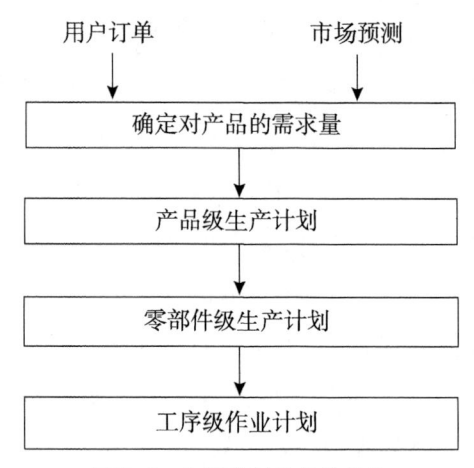

```
         用户订单              市场预测
            ↓                    ↓
         ┌─────────────────────────┐
         │    确定对产品的需求量    │
         └─────────────────────────┘
                     ↓
         ┌─────────────────────────┐
         │     产品级生产计划      │
         └─────────────────────────┘
                     ↓
         ┌─────────────────────────┐
         │    零部件级生产计划     │
         └─────────────────────────┘
                     ↓
         ┌─────────────────────────┐
         │     工序级作业计划      │
         └─────────────────────────┘
```

图 2-3　3 级计划的总体结构

定出每种产品中各零部件组的生产数量。零部件组的生产数量必须与产品生产计划的要求一致。对零部件级生产计划进一步分解，形成工序级作业计划。需要指出的是，不同层次的生产计划的计划期是不同的，其内容见表 2-3。

表 2-3　　　　　　　　　　计划分层及相应内容

计划层次	计划内容	更新周期/计划期
高层	根据用户订货和市场预测制订长期（通常是 1 年）生产计划，常用的方法有 App、MPS 等	月或周/年
中层	根据 MPS 生成产品和零部件装配计划、零部件需求计划，常用的方法有 MRP 等	周/月
低层	根据 MRP 生成车间内部工序级作业计划	日/周

2.2.4　最优生产技术

最优生产技术（Optimized Production Technology，OPT）是一种计划与调度的工具。OPT 的基本原理是：面对要生产的产品，找出影响生产进度的薄弱环节，集中主要精力保证最薄弱环节满负荷工作，不至于影响生产进度，以缩短生产周期，降低在制品库存。在企业的生产过程中，限制整个生产系统生产效率的最薄弱环节称为关键资源，关键资源可以是人、工艺设备、运输设备、物料等。在关键资源上的加工工序称为关键工序，含有关键工序的零部件称为关键零部件。实现 OPT 的主要方法为：最大限度保证关键资源的满负荷工作；对关键资源的前导工序和后续工序采取不同的计划方法。OPT 计划编制方法分两个层次，首先编制生产单元中关键零部件的生产计划，在确定关键零部件生产进度的前提下，再编制生产单元中非关键零部件的生产计划。

OPT 的实施步骤如下。

（1）估算零部件的交货期和工序交货期。

估算零部件交货期和工序交货期的依据是主生产计划、产品结构信息、工艺路线及库存信息。在产品结构不复杂的情况下，可以利用 MRP 的处理逻辑估算零部件的交货期和工序交货期。

（2）平衡关键资源并确定关键资源。

将零部件按类别分配到各生产单元，核算各生产单元各生产设备的负荷，根据实际负荷和额定负荷进行能力分析，确定关键资源。分析步骤如下。

①按时间分段计算各生产设备的计划负荷。

②设备额定能力为 A，计划负荷为 B，已下达的负荷为 C，则有以下两种可能。

如果 $B/(A-C) \geq 1$，则表示该设备在计划期内有剩余能力，可以满足计划任务。

如果 $B/(A-C) < 1$，则表示该设备在计划期内超负荷，应采取一定措施，保证计划任务的完成或调整主生产计划。

③在能力平衡的前提下，将 $B/(A-C)$ 等于或接近 1 的设备定义为该生产单元的关键资源。$B/(A-C)$ 称为设备负荷率。

（3）确定关键工序及关键零部件。

将在关键资源上加工的工序确定为关键工序，将含有关键工序的零部件确定为关键零部件。

（4）编制关键零部件的生产计划。

①对于每一台关键设备，从在该台设备上加工的全部关键工序中选出交货期最晚的工序，并确定该工序的开工日期和完工日期。

②以上述工序的开工日期和完工日期为基准，根据在该台设备上加工的各关键工序的交货期的先后，按照有限能力计划法，由后往前倒排，初步确定各关键工序的开工日期和完工日期。

③对于关键工序之前的一般工序，按拉动型的计划原则，以关键工序为基准由后往前倒排。

④对于关键工序之后的一般工序，按推动型的计划原则，以关键工序为基准由前往后顺排。

⑤当个别零部件的最后完工日期超出计划规定的交货期时，应调整零部件在关键设备上的排列顺序，力求尽可能减少误工。

⑥如果计划的生产任务与已定的生产任务在关键设备上不衔接时，应调整关键设备上的时间顺序，从而使关键设备尽量不出现空闲时间。

（5）编制非关键零部件的生产计划。

非关键零部件的生产计划编制应满足以下两个要求：满足零部件生产成套的需求；平衡生产负荷和生产能力。

因此，非关键零部件的生产计划编制只需确定投产顺序和各周的生产清单。具体的投产日期和具体进度由日计划确定。

2.2.5 企业资源计划（ERP）

企业资源计划最早是由美国 Gartner（高德纳）咨询公司在 20 世纪 90 年代初总结提出的概念，ERP 是一个面向供应链管理的管理信息集成，着眼于供应链的整体管理，将供应商、制造商、用户、协作厂家甚至竞争对手都纳入管理的资源之中，使业务流程更加紧密地集成在一起，进而提高了对用户的响应速度。

ERP 系统可生成生产计划。首先，企业根据发展的需要与市场需求制订企业生产规划，根据生产规划制订主生产计划，同时进行生产能力与负荷分析。该过程主要是针对关键资源的能力与负荷的分析，只有通过对该过程的分析，才能达到主生产计划基本可靠的要求。其次，根据主生产计划、企业的物料库存信息、产品结构清单等信息来制订物料需求计划。再次，通过对各加工工序能力的平衡，调整物料需求计划。如果这个阶段无法达到能力平衡，还有可能修改主生产计划。最后，生成生产作业计划并按照平衡后的物料需求计划执行，然后将作业执行结果反馈到计划层。

2.2.6 准时化生产（JIT）

JIT 的基本思想是只在需要的时候按需要的量生产所需的产品，故又被称为准时制生产、适时生产方式、看板生产方式，其核心是零库存和快速应对市场变化。JIT 生产模式不断消除所有不增加产品价值的工作，所以，JIT 是一种减少浪费的经营哲学。

JIT 系统是建立在一系列生产管理技术的基础上，这些技术主要涉及以下五个方面。

（1）设计易生产、易装配的产品。JIT 的原则之一是产品设计要满足市场需求。为适应市场多变的需求，产品范围应不断拓宽。当产品范围扩大时，即使不能减少工艺过程，也要力求维持工艺过程不增加，具体采用的方法有：①模块化设计；②平台化设计；③简洁化设计；④设计时应考虑易实现生产自动化。

（2）实现均衡生产。JIT 的基础为均衡生产，即平均制造产品。为达到均衡化，应在 JIT 中采用月计划、日计划，并根据需求变化及时对计划进行调整。

（3）缩短生产提前期。缩短生产提前期的好处为：能缩短产品交货期，改善用户服务，取得市场竞争优势；减少生产计划对预测的依赖，使计划展望期缩短，计划准确性提高。

（4）合理利用生产资源。JIT 合理利用生产资源分为两个方面。一方面是劳动力柔性。当市场需求波动时，要求劳动力资源也相应调整。当需求量增加不大时，可通过操作人员适当调整其操作，适应短期内需求量的变化。另一方面是设备的柔性。在传统生产系统中，市场的多变需求与生产过程可能提供给市场的产品之间存在矛盾，生产厂家一般希望产品品种及数量变化尽量少。JIT 试图克服上述矛盾，在产品设计时就考虑加工问题，采用多功能设备以满足市场不同需求。

（5）质量控制与质量保证体系。在传统的生产系统中，都规定了可接受的废品率，用在制品库存来弥补不合格品和机器故障所引起的问题，以保证稳定生产。这种处理方法在JIT中是不能接受的。在JIT中强调全面质量控制（TQC），目标是消除不合格品以及可能产生不合格品的根源，并想办法解决问题。

JIT方式如图2-4所示。

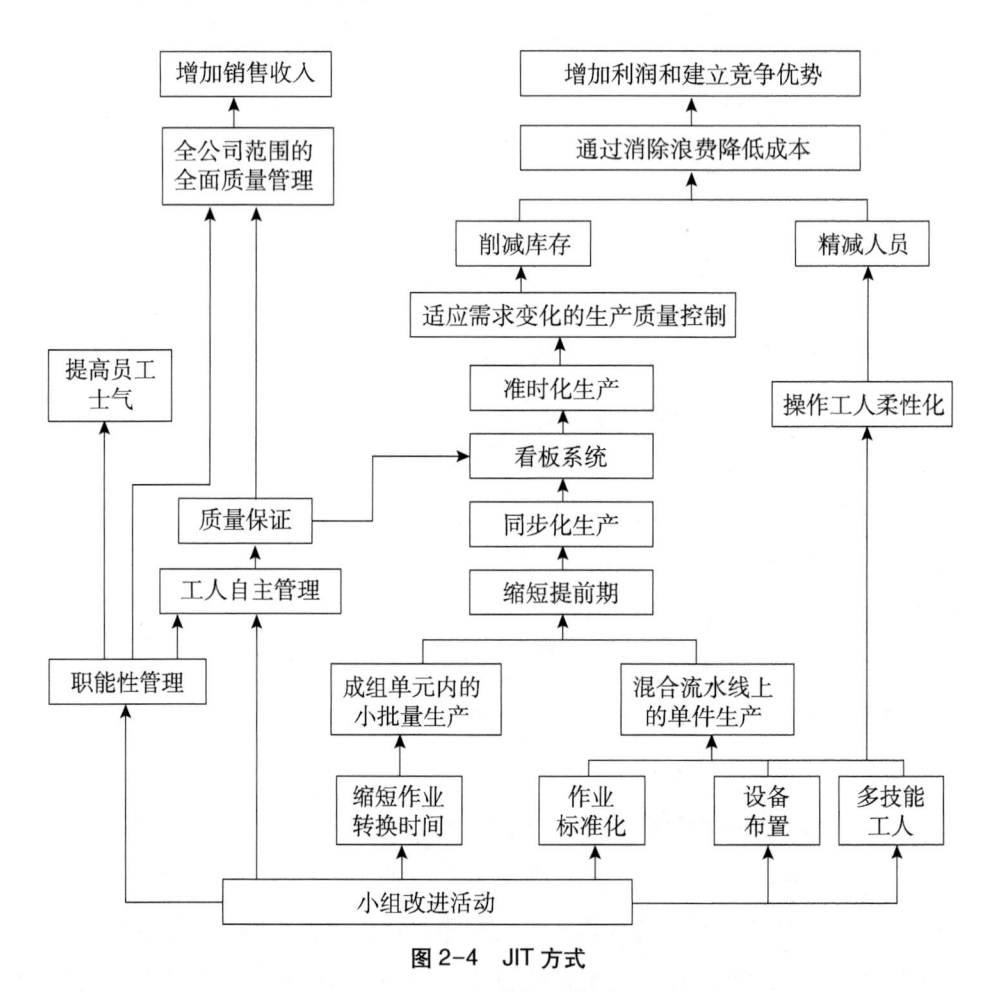

图2-4 JIT方式

案例　　　　　准时化生产模式在某汽车配套公司的应用

1. 企业概况

某企业是为几家跨国大型汽车公司生产汽车线束的汽车配套公司，汽车线束主要由电线、端子、接头、机盒、套管、胶带等部分组成，为了使汽车安装方便，人们把它们组合起来，成为汽车的神经血管，担任着传递信息和能量的工作，最近随着汽车工业的急速发展，发动机、空调、间歇式雨刮器、音响、安全装置等各种体系都变得高功能化、多功能化。

该企业线束的生产包括两大部分：铆压和组立装配，对应公司的前、后工程制造部。前工程制造部有600人，有28台全自动铆压设备（瑞士、日本产）和30多台半自动铆压设备，包括端子铆接机、熔接钉机、连接钉机、自动下线机等；后工程制造部有1000人，设有30多条流水线和60块固定板装配，是将铆压生产的各种单线、复合线按照线路图的要求进行装配。该企业有30多个车型，100多种产品，是一个典型的多品种、小批量加工行业，原材料及部品种类较多（2000余种）。

面对当今严酷的生存和发展环境的挑战，该企业开始吸收精益生产的思想，积极推行准时化生产，以适应急剧变化的市场需要。

2. 准时化生产在该企业的具体应用

（1）优化生产过程、推行看板管理。

企业首先将丰田系列的产品改为看板拉动式生产，以便对应每天接收四次生产指令，发两次货的需求。对于所有车型线束的BOM，企业按照线的颜色、直径、长度以及端子防水栓等，将其分为全共用线材、准共用线材和专用线材。除长周期的加工线材外，全部采用共用化投产。

由于期量标准不同，线材在投产前需到生产部门更换看板。丰田公司的生产指令看板直接通过成品库下达装配线，装配线根据不同车型的线束回路要求，将所有的回路卡收集齐全，并传递给前序的铆压车间，按照固定的生产时间，直接投入生产，大大减少了生产准备时间。

（2）实行送料制和看板取料。

由于车型较多，相应的线束共计2000多种，现场使用的铆压模具有600

多套，仅丰田系列就有300套左右。批量变小给资金、模具的供应带来很多问题，经常出现混、缺、丢物料，造成极大的浪费，材料的消耗率随之上升。因此，材料供应环节遵循准时化生产的三个必要原则——必要的时间，必要的数量，必要的品种，从原有的组长领料改为统一送料方式。

(3) 提高设备利用率。

由于汽车线束加工是典型的多品种、小批量加工，生产过程中各种物料、模具的切换次数多，企业每天仅模具的切换最多可达600次/25台，包括电线和端子的切换可达千余次，设备每天约有40%的时间处于切换中，设备利用率（机器运行效率）低，生产准备时间过长，员工的作业差错率高，造成生产周期很难得到有效控制。因此，必须通过改善作业方法、改良工夹具、提高作业人员的切换速度以及开发小型简易设备等来缩短切换时间。典型的切换包括如下动作：更换端子、更换电线、卸下已用模具、检查待用模具状态（钳口、送料爪有无严重磨损；止退片、退料爪有无变形、折断）、安装导料装置、固定模具、更换防水栓工装、装卸刀架、调整刀具间距、输入加工参数、首件加工、调整高度值、确认拉拔力和线长、开始批量加工。该企业应用了工业工程中的ECRS分析原则和SMED（快速切换）技术对整个切换过程进行了全方位改善。

① 分析内部、外部时间，确定增值、非增值动作。

分析切换过程中的每个动作，通过大量测试确定哪些工作必须在停机时进行，哪些可在运行中进行，由此确定哪些动作可以减少、省略，将内部时间最大限度向外部时间转化。

将刀具的调整转化为外部调整。线束的切断和剥皮，需要五片刀具固定在刀架上进行。依据内部时间向外部时间转化原则，企业购置了足够的刀具和刀架，并根据不同的线径和剥皮长度在设备切换之前将刀具间隙调整好，设备停止后直接更换，只需花费装卸刀架的时间，提高了切换速度。

将导料装置的安装时间转化为外部时间。端子的铆压会产生碎片，须有导料装置将碎片从模具中排出，以免损坏钳口。每个机台只保留必要的几个导料装置，当更换模具时，根据模具的类型安装导料槽、盖。为减少切换时间，将所有模具依照加工类型配备导料装置。

增加检验设备和辅助人员。加工首件产品后，必须用专门设备检测拉拔力，合格后方可生产。由于没有足够的设备（30台加工设备对应2台检测拉拔力仪器），换型后经常出现等待检测结果而停工，增加3台仪器后，大幅缩短了检验员的移动距离和检测时间。

②缩短调整时间。

企业通过对作业人员和检验人员的技能培训，提高了切换的技能和速度。根据近期产量的要求，企业每周每班次至少安排一台全自动铆压设备，组织当班主操作人员进行各类型切换的技能培训，记录切换时间并进行评比，对前几名的人员进行奖励。

③经常性、习惯性动作的标准化。

有关人员对于装卸模具、更换端子、检验动作等切换过程中的所有动作逐一进行了标准化，并将标准的图片直接张贴在各加工机台，以提高动作的效率，减少时间的浪费。

2.3　生产计划管理与控制的内容与策略

2.3.1　生产计划管理与控制的内容

1. 生产进度控制

生产进度控制的目的是依据生产作业计划，检查零部件的投入和出产数量、出产时间和配套性，保证产品能准时装配出厂。供应链环境下的进度控制与传统生产模式的进度控制不同，因为许多产品是协作生产和转包的，比传统的企业内部的进度控制难度大，所以必须建立一种有效的跟踪机制进行生产进度信息的跟踪和反馈。生产进度控制在供应链管理中十分重要，因此必须研究供应链企业之间的信息跟踪机制和快速反应机制。

2. 供应链的生产节奏控制

供应链的同步化计划需要解决供应链企业之间的生产同步化问题。只有各供应链企业之间以及企业内部各部门之间保持步调一致，供应链的同步化才能实现。供应链形成的准时化生产系统，要求上游企业准时为下游企业提供必需的零部件。如果供应链中任何一个企业不能准时交货，都会导致供应链不稳定或中断，对用户的响应性下降，因此严格控制供应链的生产节奏十分重要。

3. 提前期管理

供应链环境下的生产控制中，提前期管理是实现快速响应用户需求的有效途径。缩短提前期、提高交货期的准时性是保证供应链获得柔性和敏捷性的关键。缺乏对供应商不确定性的有效控制是供应链提前期管理中一大难点，因此，建立有效的提前期管理模式和交货期的设置系统是供应链提前期管理中值得研究的问题。

4. 库存控制

在供应链管理模式下，通过实施多级、多点、多方管理库存的策略，对提高供应链环境下的库存管理水平、降低制造成本有着重要意义。基于JIT的供应与采购、供应商管理库存、联合库存管理等是供应链库存管理的新方法，对降低库存都有重要作用。因此，建立供应链管理环境下的库存控制体系和运作模式对提高供应链的库存管理水平有重要作用，是供应链企业生产控制的重要手段。

2.3.2 生产计划管理与控制策略

1. 柔性策略

柔性是指企业接受改变订货规格、交货时间或订货数量的能力，对于那些置身于迅速变化或不确定性很高的市场环境中的运作系统尤为重要。

企业完成一份订单不能脱离上游企业的支持，因此，在编制生产计划时要尽可能借助外部资源，有必要考虑如何利用上游企业的生产能力。任何企业在现有的技术水平和组织条件下都具有一个最大的生产能力，但最大的生产能力并不等于最优生产负荷。在上下游企业间稳定的供应关系形成后，上游企业从自身利益出发，更希望所有与之相关的下游企业在同一时期的总需求与自身的生产能力相匹配。这点可以通过合同、协议等形式反映出来，即上游企业提供给每一个相关下游企业一定的生产能力，并允许一定程度上的浮动。这样，下游企业在编制生产计划时就必须考虑到上游企业的这一能力上的约束。

生产能力具备一定的柔性，企业能够通过一定的手段调整生产能力。当然，生产能力是有限的计划能力，生产能力的柔性也是有限度的，任何以无限能力为假设的计划都会造成整个供应链运行混乱、成本增加，反而降低了供应链的反应能力。

2. 敏捷策略

敏捷是指一个组织对由产量和品种变化造成的市场需求变化作出快速响应的能力。持续不断的变化对于每个企业的供应链管理人员来说都是普遍的现象。敏捷意味着对大范围的、不可预知的商业环境变化采取快速响应策略和与之相应的运作方式。为了实现敏捷的供应链管理，延迟技术在生产领域被广泛应用。

案例　　　　　　某日系汽车企业的精益生产

精益生产的核心在于通过实现准时化生产，降低库存、节约运行成本。进入我国市场的日本汽车企业，基本是保持了精益生产的运行模式。

该企业与供应商在各方面的协调，主要是由生产计划体系、物料采购计划，以及对应的控制过程来实现的。其中，生产计划体系由年度计划、月度计划、周计划以及日程计划构成，计算精度详细到每班、每小时；物料采购计划基本是依据月度计划确定的。

在物料的准时供货方面，该企业推行准时供货体系，将采购的物料分为大件物料和小件物料两大类，大件物料直接送到生产线边，如车轮、座椅、玻璃等；对于小件物料设置工厂的物料中心（DCC），由供应商送入DCC，再由DCC准时向生产线供货。

在质量协调方面，该企业在产品研发阶段就邀请供应商的技术人员参与，共同协调确定所承担的构件质量要求。同时，在生产过程中，如果出现质量问题，该企业并不会立即中止供货关系，而是派工程技术人员帮助供应商一起解决质量问题。

在购买价格（成本）协调方面，该企业从产品设计阶段开始，依据对产品、构件的价值分析，通过与供应商协商，确定某一产量阶段的基本价格。在车型持续生产过程中，价格会不断调整，一般为每年调整一次。

在产能协调方面，该企业一般要求供应商同步跟进其产能扩张节奏，不轻易变更或增加供应商。

3 汽车生产工厂选址与物流布局

3.1 汽车生产工厂选址

工厂选址是在多种约束条件、多种目标要求下的一个复杂决策过程。合理的工厂选址可以产生相当的经济效益。工厂选址是一个多学科、多层次的综合性系统工程，是一项涉及面广、技术经济复杂、政策性强的工作。

工厂选址要建立在充分了解特定区域土地自然资源的基础之上，依据相应的法律法规，建立长远发展的规划模型，同时建立产业结构模型、地区生产力布局模型、能源需求模型、交通运输分析以及环境评价模型，对各重要指标进行经济计量分析，最后以建立工业规划的多目标优化模型作为工厂选址问题的核心，形成一套完整的数据传输利用系统。

3.1.1 影响选址的主要因素

1. 选址规划的三个阶段

厂址选择决定企业物流网络构成，它不仅影响企业物流能力，还影响企业实际物流运营效率与成本，对企业来说是非常重要的物流战略规划问题。其规划程序分为三个阶段，即计划准备阶段、地区选择阶段和具体地点选择阶段。

(1) 计划准备阶段。

计划准备阶段的主要工作是对选址目标提出要求，并提出选址所需要的技术经济指标。这些要求主要包括生产规模、运输条件、需要的物料和人力资源等。相应的技术经济指标包括供电量、运输量、用水量等。

(2) 地区选择阶段。

该阶段主要进行调查研究和收集资料,如走访主管部门和地区规划部门征询选址意见,在可供选择的地区内调查社会、经济、资源、气象、运输、环境等条件,对候选地区进行分析比较,提出对地区选择的初步意见。

(3) 具体地点选择阶段。

该阶段要对地区内若干候选地址进行深入调查和勘测,查阅当地有关气象、地质、地震、水文等部门的历史统计资料,收集供电、通信、给排水、交通运输等资料,研究运输线路以及公用管线的连接问题,收集当地有关建筑施工费用、地方税制、运输费用等各种经济资料,经研究和比较后提出数个候选厂址。

2. 选址的影响因素

一般来说,汽车生产工厂选址主要考虑目标市场情况、资源市场及供应商分布、交通条件、土地条件、自然条件、人力资源条件等因素。

①目标市场情况。选址时首先要考虑的就是目标市场及服务客户的分布,不论是制造业还是服务业,设施的地理位置应和客户接近,越近越好。还要考虑地区对产品和服务的需求情况,消费水平要和产品及其服务相适应。尤其是对于制造业来说,产销两地接近,则运输成本减少,从而会大大降低总成本。

②资源市场及供应商分布。在工业设施选址中,不同的制造行业对资源有不同的要求,应考虑主要原材料、燃料、水资源、供应商分布等条件。

③交通条件。汽车生产工厂宜选择紧邻重要的运输通路,便于运输配送作业的进行。

④土地条件。土地与地形必须符合相关法规及城市规划,尽量选在物流园区、工业园区或经济开发区。另外,还要考虑土地的价格,未来增值情况,以及土地征用、拆迁、平整等费用。

⑤自然条件。选址时应考虑盐分、降雨量、台风、地震、河川等自然条件。

⑥人力资源条件。在仓储配送作业中,最主要的资源需求为人力资源,

因此必须考虑员工的技术水平、工作习惯、工资水平等因素。

⑦政策条件。政策条件包括企业是否可获得低地价及减免税收等优惠政策，未来几年内城市规划（土地开发、道路建设）和地区产业政策等。

除了考虑上述因素外，在实际决定汽车生产工厂具体地点时，还需考虑下列因素。

①所在城市的大小。所在城市的大小将影响交通运输、劳务设施的利用、工资水平、地价等诸多因素。

②与外部的衔接。厂址附近可用的运输方式必须进行调查，如与主要道路的连接是否顺畅等。

③厂址周边的自然地理环境。主要考虑地形、地貌、土壤情况、风向及地下水分布等。

④居民的态度。决定厂址时，附近居民的接受程度将影响土地的取得、员工的雇用及企业形象等问题。

总之，从地区选择到具体地点的选择，影响选址的因素有很多，归纳起来，可将这些因素分为与产品成本有直接关系的成本因素以及与成本因素无关的非成本因素两大类（见表3-1）。

表3-1　　　　　　　　选址时需考虑的成本因素和非成本因素

成本因素	非成本因素
原材料供应及成本	政治环境
能源供应及成本	环境保护要求
水资源	自然地理环境
人力资源成本	文化习俗
产品运至分销点的成本	城市规划和社区建设情况
建筑和土地成本	发展机会
税率、利率和保险	同一地区的竞争对手
各类服务及维修费用	地区的教育服务

3.1.2　工厂选址主要方法

工厂选址问题有多种求解方法,大致可分为定性方法和定量方法两类:定性方法主要是结合层次分析法和模糊综合法对各方案进行指标评价,找出最优选址;常用的定量方法包括松弛算法和启发式算法以及两者的结合。

下面重点介绍分级加权评分法、智能重心法和线性规划法。

1. 分级加权评分法

分级加权评分法也叫作因素赋值法,使用此方法的步骤分为如下四步。

第一步:针对设施选择的基本要求和特点列出需要考虑的各种因素。

第二步:按照各因素的相对重要程度,规定相应的权数。一般可由有经验的专业人员完成这项工作。

第三步:对每个备选方案进行审查,按照最佳、较好、一般、最差四种等级,规定相应的等级系数为 4、3、2、1,从而确定每个因素在各备选方案中的排队等级数。

第四步:把每个因素在各方案中的排队等级数与该因素权数相乘,得出各因素的评分值,再把每个方案所有因素的评分值相加,即可求得各方案的总评分值,该评分值表明了各备选方案的相对优劣程度。总分值最高者为最佳方案。

需要指出的是,因素的权数必须真正反映选址时每个因素之间的相对重要性。如果某些因素对选址决策同等重要,那么就应赋予同样的权数。当然,为了方便计算,也可以对权数进行归一化处理。

2. 智能重心法

当运输费用占总费用的比重较大,并且多种原材料由各个现有设施供应时,可用重心法来选择新设施厂址,使所选的厂址到各原材料供应点的距离与供应量、运费率之积的总和为最小。因为该方法中设施位置用坐标描述,所以也称为坐标法。智能重心法是重心法的改良。

(1) 智能重心法具体原理。

智能重心法汲取了传统方法中的重心法等网络选址的合理内涵,同时采用 GPS 技术和互联网动态实时优势，使选址优化更加科学、精准和具有动态适应性。它属于一种数理模拟技术，可将物流系统中的需求点和业务点假定是分布在某一平面范围内的物流要素，各点的需求量和业务量则设定为货物的重量，利用求解物流系统重心的方法来确定物流网点的位置。

智能重心法首先要在坐标拾取系统中找出各个地点的位置，目的在于确定各点的相对距离。坐标系的数据来自坐标拾取系统。在国际通用选址方法中，通常采用经度（X 轴）和纬度（Y 轴）建立坐标系。然后，根据各点在坐标系中的横纵坐标值求出运输成本最优（最低）的位置坐标。

智能重心法的坐标计算如下：

$$X = \frac{\sum_{i=1}^{n} X_i Q_i}{\sum_{i=1}^{n} Q_i} \quad Y = \frac{\sum_{i=1}^{n} Y_i Q_i}{\sum_{i=1}^{n} Q_i} \tag{3-1}$$

式中：

X 为重心点的 x 轴坐标值（坐标拾取系统经度系数）；

Y 为重心点的 y 轴坐标值（坐标拾取系统纬度系数）；

X_i 为第 i 个地点的 x 坐标；

Y_i 为第 i 个地点的 y 坐标；

Q_i 为运送至第 i 个地点或自第 i 个供应点运出的货物量；

n 为运送目的地或货源供应点数目（网点数量）。

最后，选择求出的重心点坐标值对应的地点作为布置物流仓配设施的最优地点。

（2）智能重心法具体实施过程。

①具体实施步骤。

第一步：确定每一个客户（网点）的经纬度坐标和货运量，此步使用百度坐标拾取系统确定客户坐标。

第二步：计算重心点的经纬度坐标。

第三步：选择百度坐标拾取系统页面中的"坐标反查"。

第四步：在搜索栏中输入重心点坐标（注意此时应将输入法的语言设为

英文），点击"百度一下"，就可以得到重心点的具体位置。

②具体案例应用分析演示。

本书以乐马士长沙枢纽中心 2018 年 6—8 月部分网点统计（见表 3-2）为样本进行分析。

表 3-2　乐马士长沙枢纽中心 2018 年 6—8 月部分网点统计

网点	2018 年 6 月 基本运费	2018 年 6 月 物流服务总额	2018 年 7 月 基本运费	2018 年 7 月 物流服务总额	2018 年 8 月 基本运费	2018 年 8 月 物流服务总额
黄花机场营业部	2430	2480	3500	3500	4700	4700
乐马快线	203589	478046	148466	344733	58102	129549
醴陵市营业部	150951	153362	140879	143546	131695	134533
浏阳市营业部	63632	64302	64397	64838	14405	14565

第一步：确定每一个待测算网点的经纬度坐标及其货运量（统一测算单位和测算周期）。首先，统计四个网点的 6—8 月货运量及其坐标值（见表 3-3）。其次，打开坐标拾取系统界面，更换到相关城市。再次，输入网点地址，在地图上实时精准找到地址位置和坐标系数，即可复制到计算表格。最后，求出四个网点的 XQ、YQ、Q 值（见表 3-4）。

表 3-3　四个网点的 6—8 月货运量及其坐标值

网点	6 月 物流服务总额	7 月 物流服务总额	8 月 物流服务总额	6—8 月 物流服务总额 Q	百度坐标拾取系统数据 经度	百度坐标拾取系统数据 纬度
黄花机场营业部	2480	3500	4700	10680	113.2186	28.1819
乐马快线	478046	344733	129549	952328	113.0430	28.1469
醴陵市营业部	153362	143546	134533	431441	113.4970	27.6462
浏阳市营业部	64302	64838	14565	143705	113.3923	28.2142

注：本表 Q 统一为网点货运量的价值形态。

第二步：计算重心点的经纬度坐标。

得出 $X = 113.2042$；$Y = 28.0130$，即输出新的精确重心点坐标为

（113.2042236，28.01299689）。

表3-4　　　　　　　　四个网点的 XQ、YQ、Q 值

网点	6—8月物流服务总额 Q	经度	纬度	XQ	YQ
黄花机场营业部	10680	113.2186	28.1819	1209174	300983
乐马快线	952328	113.0430	28.1469	107654043	26805111
醴陵市营业部	431441	113.4970	27.6462	48967272	11927691
浏阳市营业部	143705	113.3923	28.2142	16295040	4054519
总计	1538154			174125529	43088304

第三步：查找坐标。

第四步：在搜索栏中输入重心点坐标，得到重心点的具体位置。

3. 线性规划法

设 x_{ij} 为第 j 个销售区域对第 i 个工厂的产品需求量；c_{ij} 为工厂 i 生产单位产品并运到销售区域 j 的总费用，包括进厂物料运费、人工费、出厂物料运费、公用设施费、原材料费、库存成本费等；a_i 为工厂 i 的生产能力，b_j 为销售区域 j 的总需求量；m 为工厂数，n 为销售区域数，Z 为总费用。则该问题的线性规划模型为：

$$Z_{\min} = \sum_{i=1}^{m} \sum_{j=1}^{n} c_{ij} x_{ij} \tag{3-2}$$

$$\begin{cases} \sum_{i=1}^{n} x_{ij} = a_i (i = 1, 2, \cdots, m) \\ \sum_{j=1}^{n} x_{ij} = b_j (j = 1, 2, \cdots, n) \\ x_{ij} \geq 0 (\text{非负约束}) \end{cases}$$

利用表上作业法求解该模型，可确定最佳的运输及分销方式，以便得到最低成本的优化选址方案。

3.2 汽车生产物流布局规划

汽车生产物流是汽车生产系统中至关重要的部分。汽车生产物流的合理性与汽车生产系统的设计有着直接的关系，尤其是汽车生产系统中的精益布局规划，它主要包括工厂总平面布置、车间布置等。

3.2.1 布局规划的原则

1. 工厂总平面布置原则

（1）满足生产要求，确保工艺流程合理。工厂总体布局应满足生产要求，减少物流量，同时重视各部门之间的关系密切程度。具体规划模式有两种。①按功能划分厂区：根据生产性质、卫生要求、防火与运输要求的相似性，将工厂划分为若干功能区段。这种模式的优点是各区域功能明确，相互干扰少，环境条件好，但难以满足工艺流程和物流合理化的要求。②采用系统设计模式：按各部门之间物流与非物流关系的密切程度进行系统布置。该模式可以避免物料搬运路线的往返交叉，节省搬运时间与费用，最终达到增加经济效益的目的。

（2）适应工厂内外运输要求，运输路线短、顺畅。工厂总平面布置要与工厂内部运输方式相适应，可根据产品产量特点采用公路运输、带式运输等方式，结合选定的运输设备及技术要求等，合理规划运输路线及相关部门的布局。工厂内部运输方式与道路布局应与厂外运输方式相适应，这是工厂总平面布置应重点关注的环节。

（3）合理用地。节约用地是我国的一项基本国策。工业企业建设中，在确保生产和安全的前提下，应合理节约建设用地。

（4）高度重视防火、防爆、防振与防噪声设计。安全生产是工厂布局首先要考虑的问题，在某些作业环境危险的部门之间应有适当的防火、防爆间距。振动会影响精密车间的生产，因此精密车间必须远离振源或采用必要的防振措施。噪声不仅影响工作效率，而且会危害人体健康，因此在工厂总平面布置时要考虑防噪声问题。

（5）利用气候等自然条件，降低环境污染。生产过程中产生的有害烟雾和粉尘会造成环境污染。在进行工厂总平面布置前，必须了解当地全年各季节风向分布和变化规律，利用风向变化规律避免空气污染。建筑物的朝向也是工厂总平面布置时应注意的问题，特别是对采光和通风要求较高的建筑物更应注意。此外，还应充分利用地质条件，综合考虑建筑群体的空间组织和造型设计。

2. 车间布置设计的原则

（1）确定设备布置形式。

根据车间的生产纲领，分析产品与产量的关系，确定生产类型是大量生产、成批生产还是单件生产，由此确定设备布置形式：流水线式、成组单元式或机群式等。

（2）满足工艺流程要求。

车间布置应保证工艺流程顺畅、物料搬运方便，减少或避免往返交叉物流。

（3）实行定置管理，优化工作环境。

车间布置时，除对主要生产设备安排适当位置外，还需要对其他所有组成部分，包括在制品暂存区、废品废料存放地、检验实验区、工人作业区、通道及辅助设施等安排合理位置，确保工作环境整洁及生产安全可控。

（4）选择适当的建筑形式。

根据工艺流程要求及产品特点，配备适当等级的起重运输设备，进一步确定建筑物的高度、跨度、柱距及外形。此外，还应注意采光、照明、通风、防尘、防噪声等，并使布置具备适当的柔性，以适应生产需求的变化。

3.2.2 布局规划的方法与程序

1. 工厂精益布局规划的方法

精益布局就是以企业生产系统的空间静态结构（布局）为研究对象，从企业动态结构——物流状况分析出发，探讨企业平面布置设计目标、设计原则，着重研究设计方法与设计程序（步骤），使企业人力、财力、物力得到最合理、最经济、最有效配置，从根本上提高企业的生产效益，达到以最少的投入获得最大效益的目的。常用的方法有以下四种。

（1）摆样法。

该方法是最早应用的布局方法，它利用二维平面比例模拟方式，在同一比例的平面图上，用按一定比例制成的样片表示设施系统的组成部分、设备或作业活动，通过相互关系分析调整样片位置，以此得到较好的布置方案。摆样法适用于较简单的布局设计，对复杂的系统就不能准确设计，而且花费时间较多。

（2）数学模型法。

运用运筹学、系统工程中的模型优化技术（如线性规划、随机规划、多目标规划等）研究最优布局方案，可提高系统布置的精确性和效率。鉴于数学模型的求解很困难，可以利用计算机辅助解决设施布置的复杂任务，为设施新建和重新布置提供强有力的支持和帮助。计算机辅助求解的布置方法很多，可分为两大类。一是构建型。这类方法根据 SLP（系统布置设计）理论由物流、非物流信息出发，逐一对设施进行布置决策，从无到有，生成平面布置图，如 CORELAP、ALDEP。二是改进型。这种方法对初始布置方案进行改进，交换待布置部门的位置，从而寻找成本最小的布置方案，如 CRAFT、MULTIPLE。

（3）图解法。

该方法产生于 20 世纪 50 年代，具体细分为螺旋规划法、简化布置规划法以及运输行程图法等，其优点在于将摆样法与数学模型法结合，但在实践中应用较少。

（4）SLP 法。

该方法是具有代表性的布局方法，它使工厂布置设计从定性阶段发展到定量阶段，是当前布局规划的主流方法。

2. 系统布置设计（SLP）模式

依照缪瑟提出的系统布置设计思想，系统布置设计程序一般经过下列步骤，如图 3-1 所示。

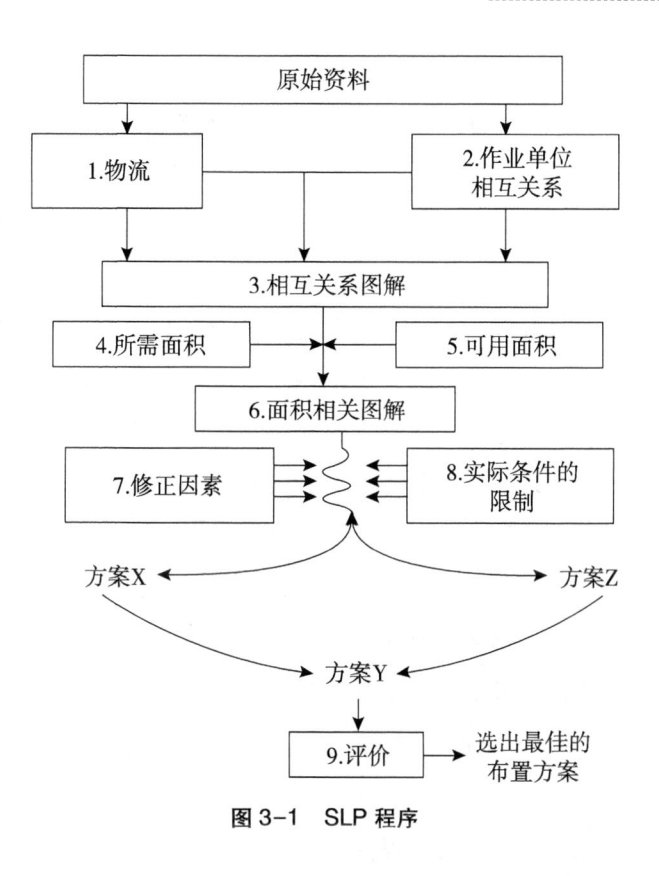

```
            ┌─────────────┐
            │  原始资料    │
            └─────────────┘
          ┌────────┴────────┐
    ┌─────────┐       ┌──────────────┐
    │ 1.物流   │       │ 2.作业单位    │
    │         │       │   相互关系    │
    └─────────┘       └──────────────┘
          └────────┬────────┘
            ┌─────────────┐
            │ 3.相互关系图解│
            └─────────────┘
    ┌─────────┐       ┌──────────────┐
    │4.所需面积│       │  5.可用面积   │
    └─────────┘       └──────────────┘
            ┌─────────────┐
            │6.面积相关图解 │
            └─────────────┘
    ┌─────────┐       ┌──────────────┐
    │7.修正因素│       │ 8.实际条件的  │
    │         │       │    限制       │
    └─────────┘       └──────────────┘
       方案X              方案Z
            →  方案Y  ←
               ↓
            ┌─────────┐    选出最佳的
            │ 9.评价   │ →  布置方案
            └─────────┘
```

图 3-1　SLP 程序

（1）准备原始资料。在系统布置设计开始时，必须明确给出原始资料——基本要素，同时也需要对作业单位的划分情况进行分析，通过分解与合并，得到最佳的作业单位划分状况。所有这些均作为系统布置设计的原始资料。

（2）物流分析与作业单位相互关系分析。针对物流中心、配送中心，物流分析是系统布置设计中的重要方面。

作业单位相互关系分析主要分为两部分，其中，作业单位间物流的相互关系可以用物流强度等级及物流相关表来表示；作业单位间非物流的相互关系可以用量化的关系密级来表示。

（3）绘制作业单位位置相关图。根据物流相关表与作业单位相互关系表，考虑每对作业单位间相互关系等级的高低，以此确定两作业单位相对位置的远近，进而得出各作业单位之间的相对位置关系，有些资料上也称之为拓扑关系。这时并未考虑各作业单位具体的占地面积，因此得到的仅是作业单位的相对位置，该结果被称为位置相关图。

（4）作业单位占地面积计算。各作业单位所需占地面积与设备、人员、通道及辅助装置等有关，计算出的面积应与可用面积相适应。

（5）绘制作业单位面积相关图。把各作业单位占地面积附加到作业单位位置相关图上，就形成了作业单位面积相关图。

（6）修正。作业单位面积相关图只是一个原始布置图，还需要根据其他因素进行调整和修正。此时需要考虑的修正因素包括物品搬运方式、操作方式、储存周期等，同时还需要考虑实际限制条件，如成本、安全和职工倾向等方面是否允许。考虑了各种修正因素和实际限制条件以后，对面积图进行调整，可得出数个有价值的可行设施布置方案。

（7）方案评价与择优。针对前面得到的数个方案，需要进行技术、费用及其他因素评价，最终得到布置方案图。

依照上述说明可以看出，系统布置设计（SLP）是一种采用严密的系统分析手段及规范的系统设计步骤的布置设计方法，具有很强的实践性。无论是总体规划阶段的设施总体区位布置，还是详细规划阶段的各作业区域的设备布置，均可采用 SLP 程序开展设计工作。

3. 利用 SLP 法进行工厂平面布置设计

当物流各功能区域之间存在大量物流需求时，就要以物流为主来考虑其相互关系，可以利用物流相关表进行平面布局规划。通常在布局规划中，各功能区域间除了物流联系外，还有人际协作、工作事务等活动关联。这些联系可表述为各种单位之间的关系，即非物流关系。单位之间活动的频繁程度可以反映出单位之间关系的密切或疏远。

SLP 法是通过以下步骤进行平面布局规划的。

（1）通过物流分析，在物流合理化的基础上求得各作业单位间的物流量及相互关系。

（2）确定各作业单位间非物流关系的相互影响因素及等级，并绘制作业单位相互关系表。

（3）确定物流和非物流相互关系的相对重要性。通常这一相对重要性比

值 $m:n$ 应在 1:3 到 3:1 之间。当比值大于 3:1 时，意味着物流关系占主要地位，设施布置只考虑物流就可以；当比值小于 1:3 时，说明物流的影响很小，设施布置只考虑非物流相互关系即可。现实情况下按照物流和非物流相互关系的相对重要性，将比值 $m:n$ 取 3:1、2:1、1:1、1:2、1:3，此比值称为加权值。

（4）量化物流强度等级和非物流的密切程度等级。通常这些量化的数值取为：A=4，E=3，I=2，O=1，U=0，X=-1。

（5）计算量化后的作业单位相互关系。设任意两个作业单位分别为 A_i 和 A_j，其物流强度等级为 MR_{ij}，非物流的密切程度等级为 NR_{ij}，则作业单位 A_i 和 A_j 之间的综合相互关系密切程度 CR_{ij} 为：

$$CR_{ij}=m \cdot MR_{ij}+n \cdot NR_{ij} \qquad (3-3)$$

（6）综合相互关系等级划分。CR 是一个量化值，必须划分成一定的等级才能建立符号化的作业单位综合相互关系表。综合相互关系的等级划分也同样为 A、E、I、O、U、X，各级间 CR 值逐步递减，同时，各作业单位的配对数也要符合常规的比例。表 3-5 给出综合相互关系的等级划分。

表 3-5　　　　　　　　综合相互关系的等级划分比例

关系密切程度等级	符号	作业单位配对比例
绝对必要	A	1%~3%
特别重要	E	2%~5%
重要	I	3%~8%
一般	O	5%~15%
不重要	U	20%~85%
不希望靠近	X	0~10%

（7）根据经验和实际约束情况，调整综合相互关系表。

（8）绘制作业单位位置相关图。

（9）根据可用面积及其他影响因素，绘制作业单位面积相关图。

至此，规划出数个可行的功能区域布局规划方案，再进行技术、费用及其他因素评价，选出或修正布局方案，从而得到最佳规划方案。

4 汽车车间物流工程管理

汽车制造主要有四大工艺，即冲压、焊接、涂装和总装，其中，总装是物流量最大、物流路径最复杂的工艺，总装物流的运作效率在很大程度上决定了汽车生产企业的生产物流运作效率。

4.1 冲压车间物流

1. 冲压车间平面布置基本原则

（1）车间平面布置除满足工艺要求外，还需符合安全和卫生规定。

（2）有害物质的发生源应布置在机械通风或自然通风的下风侧。酸洗间应与主厂房分开一段距离；如果必须位于主厂房内，须用隔墙将其封闭，严禁在主厂房内套建酸洗间。

（3）对于产生强烈噪声的设备（如通风设备、清理滚筒等），如果不能按标准消减噪声，应将其布置在远离主要生产区的位置。

（4）布置压力机时，应留有宽敞的通道和充足的出料空间，并考虑操作时材料的摆放区域。设备工作场地必须畅通无阻，并便于存放原材料、半成品、成品和废料。

（5）不允许压力机和其他工艺设备的控制台（操纵台）遮住机器和工作场地的重要位置。

（6）在使用起重机的厂房，压力机的布置必须使操作者和起重机操作员易于看到对方。

（7）车间工艺流程应顺畅，各部门之间应以区域线分开。区域线应采用白色或黄色涂料涂覆，或使用其他材料镶嵌在车间地坪上。区域线的宽度须为50~100mm，可以是连续或断续的。镶嵌材料不得高于地平面。

（8）车间通道必须保持畅通，通道宽度应符合表4-1中的规定。通道边缘20mm以内不允许存放任何物体。

表4-1　　　　　　　　　车间通道宽度　　　　　　　　单位：m

通道名称		通道宽度
车间主通道		3.5~5
压力机生产线之间的通道	大型压力机	4
	中型压力机	3
	小型压力机	2.5
从通道边界到厂房构件的距离		0.2
从通道边界到设备的距离		0.4
工段之间的通道		2.5~4
车间通道		2

注：大型压力机是指大于或等于800t单点、大于或等于630t双点的压力机；中型压力机是指160~630t单点或160~400t双点的压力机；小型压力机是指小于或等于100t的压力机。

2. 压力机和冲压线的布置

压力机和其他工艺设备的最大工作范围边缘，距离建筑物的墙壁、支柱和通道壁至少要有800mm。这个工作范围不包括工位器具、模具、箱柜、挂物架等可移动的物体。

压力机基础与厂房构件基础或其他埋地构件的平面投影不能重叠，并保持至少200mm的间距。

生产线上大型压力机的排列间距、压力机与厂房构件的距离，应满足表4-2中的要求。

生产线上的中型压力机，其排列间距及其与厂房构件的距离，应符合表4-3中的规定。

表 4-2　　　　　　　　大型压力机的排列间距　　　　　　　　单位：m

压力机排列	间距 A	A1	B	C
横向排列	5	10	5.5	4
纵向排列	5	12	1.0	1.5

注：A 为压力机生产线中心与厂房构件之间的距离；A1 为两条压力机生产线之间的距离；B 为压力机与通道之间的最小距离；C 为相邻压力机之间的最小距离。

表 4-3　　　　　　　　中型压力机的排列间距　　　　　　　　单位：m

压力机排列	间距 A	A1	A2	B	C
横向排列三排	3.5			5.5	3
纵向排列三排		3		1	1.3
横向排列三排	4		3.5	5.5	2.5

注：A 为压力机生产线中心与厂房构件之间的距离；A1、A2 为两条压力机生产线之间的距离；B 为压力机与通道之间的最小距离；C 为相邻压力机之间的最小距离。

生产线上的小型压力机，其排列间距及其与厂房构件的距离，应按表 4-4 中的要求布置。

表 4-4　　　　　　　　小型压力机的排列间距　　　　　　　　单位：m

压力机类型	压力/t	间距 A	B	B1	A1
有自动进给料（条料）的开式单点压力机	≤40	1.5	4	2.8	0.5
	50~250	1.5	4.5	1.2	0.5
没有自动进给料（条料）的单点压力机	≤40	2	2~2.5	0.4	1.2
	50~250	2	3	0.5	1.2

注：A 为压力机与主通道之间的最小距离；A1 为压力机与辅通道之间的最小距离；B 为压力机生产线之间的最小距离；B1 为压力机之间的最小距离。

3. 冲压件仓库管理

冲压件仓库应符合下列规定。

(1) 冲压件仓库的空气湿度不应超过60%。

(2) 采用专用箱架多层储存冲压件时，必须使用标准化钢制箱架。箱架必须结构牢固，不易变形。箱架应有专门标签，并注明箱架的编号、自重等。多层叠放的箱架，应由专门的起重运输设备进行堆垛和运输。

(3) 在专门货架（包括高架自动或半自动仓库）上存放冲压件或箱架时，冲压件或箱架长度不得超过货架深度。

(4) 在高架仓库内存放冲压件时，巷道堆垛起重机型号、作业方式和仓库高度，应按《巷道堆垛起重机》（JB/T 7016—2017）中的规定进行选择。

(5) 无箱架或货架存放冲压件时，应按零部件特点，分类叠放或立放于地坪的楞木上。放置和储存时，不得使零部件产生永久变形。零部件的尖棱不应凸向人行通道。

(6) 各种方法储存的冲压件的重量（包括箱架的重量）不得超过设计规定的地坪允许有效荷重。

(7) 堆垛或箱架之间，应有 0.8m 宽的人行通道；当仓库内行驶堆垛叉车时，应有 2m 宽的通道。

4. 安全管理与操作运行

(1) 车间各区域（空间）、部门和设备，凡可能危及人身安全时应按《安全标志及其使用导则》（GB 2894—2008）有关规定，于醒目处设置标志牌。标志牌应平整清楚，大小、比例和颜色必须符合此文件中的要求。

(2) 大型压力机的平台须用标志牌注明允许的最大承载重量。

(3) 不安全或禁止使用的压力机（包括检修、安装和正在调整冲模的压力机），须在装置附近设置标志牌，并用醒目字体标注"危险、禁止启动"等字样。标志牌的颜色应与设备基本色调有显著区别。

(4) 对多人操作的设备、同辅助工人相关的设备以及经常有人穿行的传送设备，当每天工作开始、换班启动以及停机后重新启动时，必须发出灯光和音响信号。

(5) 依据冲模的技术安全状态，参照相关规定，在上、下模板正面和背面应涂以安全色以示区别。安全模具为绿色，一般模具为黄色，必须使用手动送料的模具为蓝色，危险模具为红色。冲模涂色操作规范如表 4-5 所示。

表 4-5　　　　　　　　　　冲模涂色操作规范

涂色标志	相应的含义和防护措施	允许的行程
绿色	安全状态，有防护装置或双手无进入操作危险区的可能	连续行程，单次行程
蓝色	指令，必须采用手工具	单次行程，连续行程
黄色和绿色	注意，有防护装置	单次行程，连续行程
黄色	警告，有防护装置	单次行程
红色	危险，无防护装置且不能使用手工具	禁止使用

（6）在可能危及人身安全的地方，应设防护栏杆，禁止跨越。防护栏杆（包括大型压力机的防护栏杆）和起重机吊钩的滑轮架，应按相关规定以间隔条纹标志。

（7）禁止非机电维护人员在大型压力机运转时登上机梯并在机器平台上停留。操作工人应经常注意机床的工作状态，发现异常声音和振动，必须及时停机检查。

（8）对机器进行擦洗、注油、检查和修理过程中，发现可能导致人身事故的危险时，工厂应迫令停机进行检查并排除故障。若检修必须在机器运转时进行，且对危险场所已采取了保护措施，则不受此限。停止运转的机器，应锁闭装置，并挂上"禁止启动"字样的标志牌。

（9）压力机操作工应在上午、下午各有一次 10~20 分钟的工间休息时间。夜班工作时，也应安排相应的工间休息时间。工间休息时，工厂必须强制停止机器转动。

（10）冲压工每班连续工作时间不得超过 8h。

4.2 焊接车间物流

1. 焊接车间平面布置基本形式

（1）纵向布置：在同一车间内既有备料（或零部件制作）工段，又有装焊工段，这种车间布置紧凑，空运路程最少，适用于各种加工路线短、不太复杂的焊接产品的生产。

（2）横向布置：产品备料（零部件制作）工段和装焊工段并列在若干个车间内，这种车间布置适用于产品零部件加工路线较长的单件小批、成批生产。

（3）纵横向混合布置：常用于多品种、单件小批、成批生产的场合。

2. 平面布置中主要间距的确定

（1）柱距，即车间内柱与柱之间的距离，一般为6m。

（2）开间宽度，即每两排纵向柱子之间的宽度，一般是6的倍数，常见的有18m、24m、30m和36m。

（3）车间大门的宽度应便于物料的运输，通常为4.5m。

（4）车间内运输通道的宽度。一般主物流通道宽4m，如采用人工投料，通道宽2m，若采用叉车运输，单面行驶通道宽3m。

3. 焊接车间辅助部门的组成、任务和面积（见表4-6）

表4-6　　焊接车间辅助部门的组成、任务和面积

名称	任务	推荐面积（m²）
工具分发间	保管分发常用的工具仪表及易损件	36~72
样板间和样板库	负责某些产品放样制作及存放	9×16~12×24
焊接实验室	新工艺、新设备、新材料的试验，焊点撕裂试验等	60~500
机电维修间	车间设备工具的日常维护保养及小修等	32~180
计算机房	为数控机床编制程序软件等	100~300
水泵房	为水压机配套使用	按照水泵电气管道等布置而定

4. 焊接车间各工段的面积比例（见表4-7）

表4-7　　　　　　　　焊接车间各工段的面积比例

工段名称	面积比例（%）
大型总成（主要包括车体及侧围）的装配焊接工段	20~40
闭合部件（前罩、左右前后门、行李箱盖等）的装配焊接工段	5~15
分总成焊接工段（主要包括发动机舱总成、前后地板总成等）	15~30

5. 焊接车间辅助面积的比例（见表4-8）

焊接车间的总面积由生产车间面积和辅助面积构成，辅助面积一般为生产车间面积的30%~40%。

表4-8　　　　　　　　焊接车间辅助面积的比例

名称	面积比例（%）
主通道	26
通风装置	30
各种工作间（包括工具分发间、机电维修间、休息间、医务室、衣橱间等）	4.1
变电间和动力入口	2
特殊用电站	1.3
焊接实验室	3.6
三坐标测量室	3.0

6. 焊接车间安全隔离网设置标准

焊接车间容易迸发火星，产生金属碎片，因此需要设置焊接车间安全隔离网（见图4-1），目的是保障作业者人身安全，保护精密、昂贵、危险多发的机器设备，避免出现停机事故，造成人身伤害等。

（1）基本标准。

①使用方式：选择有警示颜色的隔离网。

②颜色：黄色、蓝色、绿色等。

③使用位置：设置于车间作业区周围。

（a）　　　　　　　　　　　　　（b）

图4-1　焊接车间安全隔离网

（2）安全隔离网设置的管理要求。

①根据车间具体情况，选择合适高度的隔离网。

②安全隔离网应便于安装和拆除。

③为突出隔离网颜色，可将其涂成黄黑相间的斑马线。

④隔离区域的面积较大时，应标明空间或车间名称。

4.3　涂装车间物流

1. 汽车车身涂层的涂装工艺（见表4-9）

表4-9　　　　　　　汽车车身涂层的涂装工艺

涂层	涂层厚度（μm）	涂装工艺	备注
电泳漆	18~20	CED	CED为阴极电泳涂料；HS为高固体分溶剂型涂料；WB为水性涂料；PC为粉末涂料
中涂漆	35~40	HS、WB、PC	
本色漆	35~40	HS、WB、PC	
面漆、底色漆	15~30	WB、PC	
罩光漆	35~40	HS、WB、PC	

2. 车身涂装工艺的布置原则

涂装车间通常划分为一般洁净区、烘干区和噪声区等。一般洁净区主要布置密封线、车底PVC喷涂线，以及需要手工操作的检查、打磨、修整和返修等易产生尘埃和颗粒的工位。此外，还包括辅助设备、洁净度要求较低的库房，以及物流输送频繁的材料存放区。一般洁净区布置在多层厂房的底层。烘干区一般布置在多层厂房的二层或三层，布置在三层还可以防止热污染。烘干区各排空线一般根据场地、工艺布局等需要进行布置，布置方式较多，其中，采用集中布置或集中加局部分散布置较多，而且又以集中布置在车间一层或二层较多。空调机房因噪声大而布置在多层厂房的三层或顶层。喷漆排风机房和烟囱通常布置在喷漆室附近的侧面或端部的一般洁净区。为了防止尘埃、噪声等的污染，各区间可采用金属轻质密封隔墙进行封闭。

上述分区和分层的工艺布置，可实现涂装车间区域化和立体化的布置，达到充分利用使用面积和节省占地面积的目的。而且区域化和立体化的布置方式能够满足不同区域的洁净度要求，实现全车间的洁净化。

3. 车身涂装车间的物流要求

涂装工艺设计中的物流包括产品的生产工件物流和各种原材料及废弃物的物流。生产工件物流所选择的运行路线应较短且尽量避免运行路线交叉。对于多层分区布置，应尽量减少产品升降和往返运输次数。各工序应布置合理、衔接良好，且各工位布置要紧凑。各种原材料及废弃物的物流应保证运输路线短、尽量不通过生产操作区，存放场地尽量靠近使用位置，并且选用的物流运输设备或工具应经济可靠。

大型、多层涂装车间的生产工件物流为立体交叉的形式，涉及机械化设备的类型较多，需相关专业配合多次才能完成。通常大型涂装车间内的机械化输送距离长达6~7km，车身由涂装车间入口运行到涂装车间出口所需的时间也较长，如基本型乘用车为6.5~7h，双色乘用车、多功能车（MPV）和运动型多用途车（SUV）达到9~9.5h。

涂装车间的各种物流要做到便捷、顺畅，涂装产品、涂装材料、设备维修和废弃物输送等的物流不能相互干涉。根据生产组织需要，在相应的工序间安排产品的排空、缓冲、编组输送线，使不合格产品可随时就近下线，进入打磨返修环节。另外，应尽量缩短产品的物流路程。切忌按涂装工序罗列生产物流顺序，导致其他物料运输被忽略。

4. 涂装材料储存

（1）涂装材料储存安全注意事项。

为了确保涂装材料在使用过程的安全性，仓库管理人员与使用操作者都应各尽其责，须注意以下几项。

①按物料可燃性差异，参照有关法规分类储存。

②储存地（漆库）应备有完善的防火及灭火装备，并应考虑在此区域内装设自动喷水系统。漆库应具有良好的排风通风设施，每小时换气应不小于20次，可对出入气流进行监测。

③在涂装现场存放的涂料数量以足供1个工作日的需求为限。厂房内最多存放50L的涂料及稀释剂，且需放置于防火材料箱柜内，并储放于适宜的地点。

④所有存放涂料或稀释剂的容器，除了正在使用中的均需保持密封。

⑤作为聚酯涂料固化剂的过氧化合物不可与其他物料共同存放。特别是硝基漆类必须避免与抹布、硝基漆的干打磨灰屑及有机物质接触。

（2）废弃物的处理注意事项。

①用过的脏抹布、棉纱、废纸或其他可燃物在抛弃时必须投入隔开的有盖的金属容器中，并于每日工作结束或换班时从喷漆工场带出，或立即送往厂房外的安全区域，以避免其自燃。

②严禁向下水道倾倒易燃溶剂和涂料，应回收处理或作为燃料处理。

③喷漆室的废漆余渣绝不可与其他物料混合储存，应深埋或作为燃料处理。

④原子灰固化剂等过氧化物类废弃物在抛弃时，应格外谨慎，以防其自燃引起火灾。

⑤异氰酸硬化物的残渣需以砂、土或其他无化学变化的物质吸取后，置于密封的容器中。含异氰酸基的涂料或固化剂在废弃时，应先中和处理：用90%的水、8%的尿酸（相对密度为0.88g/L）及2%的洗衣粉稀释混合，中和后敞盖放置24h以上，待物质充分反应后，才不会污染环境。

⑥空漆桶比满漆桶更具爆炸的危险，绝不允许堆积于工作场所内，必须每天处理。

⑦在搬运、涂装过程中应尽量避免敲打、碰撞和摩擦等动作，开桶应使

用非铁质的金属工具，不穿带钉子的工作鞋，以免发生火花或静电放电，引发火灾。

5. 个人安全和健康防护措施

（1）保护眼睛。在材料检查时（如开罐或搅拌时），涂料有可能进入眼睛，故应戴保护目镜。溅出的涂料一旦进入眼睛，应立刻送医诊治。如戴隐形眼镜时必须立即取出隐形眼镜。

（2）防止误食。涂装现场工作区域禁止饮食或吸烟，以避免误服异物中毒。

（3）保护手部和皮肤。有多种化学品均能刺激皮肤，重复或长期接触可能导致皮炎，有些溶剂可经由皮肤进入体内。因此应禁止使用溶剂或稀释剂洗手。漆类溅滴到皮肤上时应迅速擦去，必要时用适当的清洁物质帮助去除，再用肥皂和清水洗涤。可以涂适宜的隔绝油膏以协助保护裸露部分的皮肤。戴上合适的手套可以有效地保护手部不受涂料或其他液体的影响。

（4）保护肺部。避免呼吸接触，不良的通风情况中，高浓度的溶剂挥发气体会在空间中累积，长期暴露其中时可能导致失去知觉。

即使工作场地能够保持良好的通风状况，车身涂装车间也必须配置呼吸保护器。

（5）保护头部。进行车辆喷涂工作之前，整理好头发，注意不要受到粉尘和喷雾的影响。进入工作现场要戴上防护帽以保持头发的清洁和健康。

（6）保护躯体。必须换上车间专用工作服或裤式工作服。裤子的长度应足够盖住脚面，工作服应该是长袖的，以实现全面保护。

（7）保护脚部。工作时应穿上带金属衬和防滑底的工作鞋。金属衬可保护脚趾不会被掉下来的物体砸伤，而防滑底可以保护工人不容易摔倒。另外，好的工作鞋还能为需要长时间站着进行打磨的工人提供良好、舒适的站姿。绝对不能穿拖鞋、运动鞋或时装鞋上岗，在车身修补、涂装车间，这些鞋子不能提供足够的保护。

6. 急救处理措施

如产生上述溅入、误食和吸入等有害健康的情况时，应进行处理。

（1）吸入。当过度暴露于有害气体中时，应立即将受害者移至新鲜空气中并为其保温，不可服食任何物品。

（2）眼睛接触。涂料溅入眼睛时，应以大量清水冲洗，并保持眼皮张开至少10min。若佩戴隐形眼镜，应立即取下，并送医检查。

（3）误食。不可诱使受害者呕吐，以免呕吐时误吸溶剂至肺部。如果受害者意识清醒，应给予大量饮用水，并立即送医诊治。

（4）皮肤接触。涂料粘到皮肤时应迅速去除，如有必要，应以适当的清洁物质协助除去，再以清水和肥皂洗净。如果皮肤持久不适，应立即送医检查。

4.4 总装车间物流

1. 线边包装

由于汽车零部件品种繁多、尺寸差异大，通用包装很难满足现场装配与运输需求。线边包装主要是根据汽车零部件的结构、材质、外形尺寸、放置零部件的数量及品种等确定，线边包装应注意以下要点。

（1）包装尺寸一般不超过线边物料区域尺寸，大部分零部件采用标准化小包装，堆放在料架上。

（2）线边物料一般采用手工取料，取料高度在400~1500mm，以减小操作工的劳动强度。

2. 线边料架

线边料架的结构、层数、外形尺寸、承载品种数等设计要素需与工位需求相匹配。线边料架应具有随生产线移动的特性，其设计规则应遵循《料架设计规范》。

（1）取料高度在400~1500mm，以减小操作工的劳动强度。

（2）料架隔板要有一定的斜度，其高度和斜度可以调节，同时配备滑轮，便于装配工取料。

（3）存放重件的料架应注重减振设计。

（4）自制料架根据零部件尺寸量身定做。

3. 线边库存

线边库存量的大小主要是根据线边面积和生产线节拍来规划和设计的。节拍是流水线上生产出两个相同制品的时间间隔。节拍的大小取决于计划期内生产任务量和任务完成时间。计划节拍或平均节拍的计算公式为：

$$T = 总时间/设计纲领 = (X \cdot Y \cdot Z \cdot 3600) \cdot R/S$$

式中，T 是计划节拍，单位为秒/辆；X 是每年实际工作天数，单位为天/年；Y 是每天工作班次，单位为班/天；Z 是每班工作时间，单位为小时/班；R 是生产效率；S 是设计纲领，单位为辆。

影响线边库存的主要因素有零部件体积、节拍、零部件包装方式、节距、线边物料堆高、配送周期策略（一般为1~2h）、线边场地大小。

一般情况下，随着节拍的加快，零部件线边库存应增加，同时安全库存应加大。在线边面积非常局限的情况下，只有通过优化生产流程，才能提高生产率。

4. 线边布置

在线边布置的过程中应遵循以下原则。

（1）工具、物料定位放置，使作业者形成习惯，减少寻找时间。

（2）运用各种方法，将物料自动送到作业者的工作区域。

（3）使用频率高的工具、物料，应摆放在作业者近身位置。

（4）尽量利用自动回位的方法，消除工具使用后的复位耗时。

（5）工具、物料按最佳次序排放。

（6）照明适当、视觉舒适。

（7）工作台高度要适宜。

（8）优化布局以便物料更新和配送周期保持均衡。

（9）每个工位合理划分作业班组，线边布置以对称为宜。

（10）标准件专门摆放到标准件超市。

5. 线边标识

线边标识在设计时应遵循以下原则。

(1) 人行道与车行道区域应标以不同颜色进行区分。

(2) 人行道宽度为 600~800mm，具体根据工厂生产线的规模与布局进行调整。

(3) 线边储位的标识要清楚、明确，与通道严格区分，严禁在人行道、车行道上摆放物料和其他杂物。

(4) 设有专门的工料废存放区，并设置醒目标识，以免工人误拿误用。

6. 车间物流通道

良好的通道设计应兼顾流量经济性、空间经济性和危险防控要求。总装车间物流通道的宽度经验值为 4000~5000mm，具体尺寸根据料架规格、车辆转弯半径、车辆卸货时需留有其他车辆通过的空间综合确定。

7. 物料接收区域

物料接收区域（DOCK）又称卸货区域，一般设置在车间外侧，与生产区域、物料暂存区域等隔离，既方便车间内部物流管理，又可保证卸货安全。

8. 物料地址

车间物料地址规划也称物料储位管理，是物流标准化操作的核心因素。为方便管理与交流，需在物料储存位置编写地址编码。物流操作人员根据地址编码可以快捷地找到物料和配送地点，为物料信息化管理创造条件。

9. 线边物料信息系统

线边物料信息系统是物流配送体系的重要组成部分，主要用来传达物料需求并管理线边物料的储存状态。目前，线边物料信息系统常见的类型包括物料看板拉动系统、ANDON（安灯/暗灯，原为日语的音译，是现代企业常用的信息管理工具）物料系统及物料排序系统。

10. 总装车间机械设备安全隔离栏设置

总装车间内的机械设备众多，活动空间相对狭小，为了避免无关人员靠近设备造成安全事故，保证正常的生产秩序不受干扰，需要设置机械设备安全隔离栏（见图 4-2）。

(1) 基本标准。

①材质：金属。

图 4-2　总装车间机械设备安全隔离栏

②使用方式：选择带有警示颜色的隔离栏。

③颜色：黄色、蓝色。

④使用位置：设置于重要或运行中的机械设备周围。

（2）安全隔离栏设置的管理要求。

①根据具体情况，选择合适高度的安全隔离栏，一般为1m。

②为便于拆除，可选择带轮滑的隔离栏。

③颜色应与机械设备相异。

④可同时设置警示标志牌，提醒相关人员注意人身安全。

⑤独立式机械设备应完全隔离。

5 订货与供应物流管理

5.1 订货管理概述

5.1.1 订货管理的基本概念

订货管理也叫作入厂物流、厂外物流、供应物流、原材料采购物流,指的是对原材料从发货方(供应商)到接收方(主机厂)的采购、运输等物流活动进行管理。订货管理是供应链管理的重要内容之一,为主机厂的生产提供了物资保障。从纵向的供应链体系看,它在供应商与主机厂的合作中架起了沟通桥梁,加强了生产需求与物资供应的联系;从横向的企业层面看,它是供应链物流系统中独立性较强的子系统。

供应链物流系统主要分为供应物流、生产物流和销售物流。订货管理(供应物流)在供应链物流体系中的位置如图 5-1 所示。

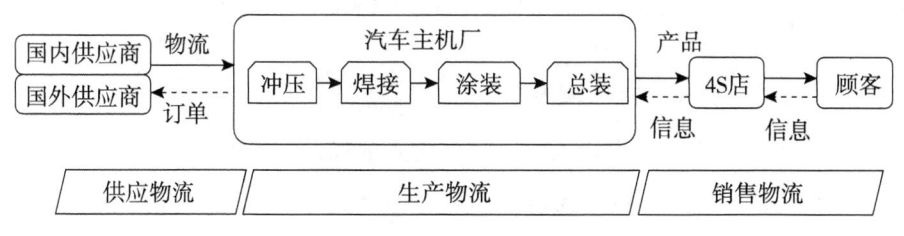

图 5-1 供应链物流体系

5.1.2 订购模式与生产模式的关系

在汽车行业里,工业革命前,汽车的生产都是由手工单件制作,零部件标准化程度极低，零部件的订购也是多频次的少批量订购；工业革命后，零部件可以大批量、标准化生产，大大降低了汽车的生产成本。与此生产方式对应的零部件订购方式主要是经济订货批量法（见图5-2）。

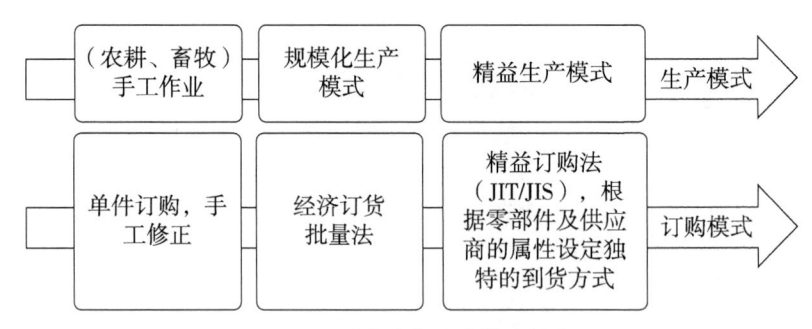

```
(农耕、畜牧)手工作业 → 规模化生产模式 → 精益生产模式 → 生产模式

单件订购，手工修正 → 经济订货批量法 → 精益订购法（JIT/JIS），根据零部件及供应商的属性设定独特的到货方式 → 订购模式
```

图5-2 订购模式与生产模式的发展

随着经济的发展，人们的需求越来越趋于个性化和多样化，丰田的精益生产模式顺应了市场需求的变化，其在汽车行业的地位逐渐超过了欧美的规模化生产模式，并成为各大主机厂模仿的对象。在精益生产模式下，零部件订购方式应根据零部件的不同属性，采取不同的订购模式。对属性相似的零部件采取同类订购模式。这些属性包括零部件材料性质、零部件尺寸、零部件的功能、包装容器规格、供应商距离的远近、供应商的管理水平等。

总之，订购模式与生产模式是紧密相关的。生产模式需要与之相应的订购模式来实现，订购模式需随着生产模式的发展而相应调整。

5.1.3 JIT与订购管理

（1）零部件订购实现"零库存"。

JIT生产模式将"获取最大利润"作为企业经营的最终目标，将"降低成本"作为基本目标。而要达到以上目标，基本的准则就是实现"零库存"。"零库存"并不意味着没有库存，而是不懈地降低库存量，减少一切可能的浪费。任何一个生产企业，没有库存都意味着无法生存。只不过"零库存"要求的库存量很低，周转速度很快，并且还要通过利用供应商库存减少生产厂家的库存，即VMI模式（供应商管理库存）。

(2) 密切跟踪零部件到货情况，确保到货准时率。

JIT 生产模式要求订购的量在满足需求的同时保留尽可能低的库存量，在低库存的情况下，如果零部件不能准时到货，则会有缺件风险，因而到货准时率是确保 JIT 生产的基本保障。主机厂到货准时率的高低决定了 JIT 生产能否顺利进行。

(3) 第三方物流的仓储中心位置要求尽量靠近主机厂，以缩短配送时间。

(4) 主机厂与供应商信息高度共享。

主机厂与供应商必须具备强大的信息系统，能够即时与供应链上下游企业进行信息共享，并实现自身信息系统与供应商信息系统的连接，从而有效整合供应链。

5.1.4 订货管理的主要内容

订货管理主要包括到货准时率管理、不良品管理、到货异常管理、零部件设变管理、特殊零部件管理、KPI 及供应商关系管理等几方面的内容。

1. 到货准时率管理

到货准时率管理，是指通过正确下发订单并做好到货跟踪，确保主机厂向供应商订购的零部件在时间和数量上均符合要求。例如，某长沙的汽车主机厂，在 2013 年 3 月 5 日向位于广州的一家供应商下发 A 零部件 1000pcs 的订单需求，要求供应商在 3 月 14 日下午 2 点送到，那么从到货准时率管理的角度来看，供应商应该在 3 月 14 日下午 2 点前后的半个小时内送到，如果是在下午 1 点半前到货，就是提前了，主机厂可以不收货，供应商的车辆需要排队等候；如果是在下午 2 点半以后到货，明显就是延迟了。提前到货和延迟到货一样会影响主机厂对供应商的评价。

主机厂进行到货准时率管理，一方面可以尽量避免供应商到货延迟对主机厂生产的影响，另一方面也是帮助供应商提高管理水平，从而提高整个供应链的效率。

2. 不良品管理

不良品就是我们通常说的劣质品，也就是质量不达标的产品，可能在物流与生产各环节出现。如果零部件的不良发生在整车出厂前，一般由生产部门管理，如果零部件的不良发生在整车出厂后，则由售后部门管理。

（1）不良品的判定。

当不良品被发现后，由质量部来最终判定其是否为不良品，并确定责任方。在没有确凿证据明确责任方的情况下，一般由主机厂根据现实情况划分责任比例。

（2）不良品的报废处理。

当不良品被发现的那一刻，它就应该被特殊管理起来——隔离。一般情况下，生产车间会划出特定的区域专门放置不良品，并有专门且显著的标识。当不良品的产生被判定为供应商责任时，主机厂会要求供应商重新送良品来替换此不良品。

3. 到货异常管理

主机厂对供应商到货的包装、标签等环节有严格要求。例如，规定使用可回收包装、正确粘贴标签、使用规定尺寸运输车等。常见的包装异常类型有如下几种。

（1）标签与实物不符。

一般情况下，一个包装箱贴一张标签，标签上有各种信息，如零部件编号、设计变更号、零部件名称、供应商名称、车型代号、纳期（要求到货的日期）、送货数量以及对应条码等。标签与实物不符可能是数量不符，如标签上写的是10个，实际箱子里只装了8个；标签上零部件描述与实物不符，如标签上写的是左前门模块，实际箱子里装的是右前门模块。

（2）包装不符合要求。

包装的尺寸、材料、内衬及零部件在包装箱内的摆放方式都是在项目前期就已经确定好的。有些供应商由于箱子采购不足，可能使用纸包装、木托盘等非标准包装替代。另外，包装破损、积尘、进水等一切不符合签订标准的情况都属于包装异常。

（3）车辆不符合要求。

主机厂对于送货车辆的要求一般是9.6米、12.5米的厢式车或者飞翼车，以确保运输质量和特殊天气下的运行能力。但是有些物流公司为了节约成本，或者临时调度问题，会采用一些不规则的敞篷车或者长宽不符合要求的车辆，甚至有重大安全隐患的老旧车辆。

4. 零部件设变管理

零部件设变管理是指对零部件在车型开发及量产阶段的设计变更进行管理。车型设计不是一蹴而就的，需要在实际装车中证实它的严密性和可行性。因而在车型的开发阶段（在主机厂中叫作新车型阶段或者试生产阶段），会经常做小批量的车进行各种测试，以验证设计的合理性及正确性。车型设计不合理就可能在未来的市场中发生不安全、不舒适、操作不敏捷等各种问题。因而质量和工程设计部门会持续排查潜在问题，新车型阶段的设计变更会比较频繁。车型量产后，尤其是量产前期也可能有比较多的设计变更。

在零部件设变管理中，订购领域的核心在于管理零部件设变的切换时间。一方面，需要考虑供应商的库存情况：供应商会根据主机厂的生产计划提前准备原材料和成品库存，如果立即切换会导致旧状态原材料的报废，增加供应链成本，更不利于整个供应链的发展；另一方面，需要考虑设计变更的紧急性：比如，某车型在市场上反馈一个很严重的安全问题，刹车踏板不灵，那么新状态的零部件需要立即切换。

5. 特殊零部件管理

（1）准国产件。

企业从位于中国的供应商 M 购买了一个零部件 P，但供应商 M 在中国没有工厂，并不生产此零部件 P，而是从国外购买，此时零部件 P 就是准国产件。一般情况下，企业会要求国内的供应商储备较低的库存，比如 1~5 天。进口件由于周期长、不确定因素多，零部件储备的库存较高，比如 1 个月。如果企业对准国产件也要求 1~5 天的库存，那么风险就因此大大增加了。所以在进行零部件管理和订购时，需要先摸清楚情况，将准国产件筛选出来，尽量参照进口件的要求进行特殊管理。

（2）辅料。

辅料是指一些有特殊用途的辅助原材料，如焊装车间的胶，涂装车间的涂料和磷化剂，总装车间的清洗液和变速箱油等。辅料与其他零部件的主要区别在于：零部件的用量往往浮动较大，订购的时候需要特殊考虑一定的损耗比例；辅料一般具有一定的保质期，订购时不能过量，以免过期造成浪费。

（3）紧固件。

紧固件是指螺栓、螺母等用于车身、零部件之间紧固作用的一类小零部件，一般一台车的用量较多，需要考虑一定的损耗。

（4）其他。

如贴纸、标签、蓄电池、热熔胶条等特殊材料，需要保管在一定温度、湿度条件下，且订购时需特别控制库存。

6. KPI及供应商关系管理

关键绩效指标法（KPI）是将绩效评估简化为对关键指标的考核，将关键指标当作评估标准，对比供应商供货绩效的管理方法。

供应商的KPI管理通常从QCDMS（质量、成本、交付、服务、安全）5个方面以月为单位进行考核。其核心是结合本企业的需求向供应商提出要求、指出供应商需要努力的方向，以实现供应链的整体效益最大化。

供应商关系管理（SRM）旨在改善与供应链上游供应商的合作关系。虽然主机厂与供应商是客户与卖方的关系，但是主机厂的顺利生产离不开供应商优质高效的产品供应，汽车组装也离不开任何一个零部件，哪怕是一个螺母。汽车主机厂和供应商之间更多的是相互配合、相互理解、共同合作的长期战略关系。

5.1.5　汽车行业的采购方式

汽车行业中，主机厂一般与供应商签订长期的框架合同。在此框架下，主机厂会根据生产计划需求，按照一定的周期和数量规则，通过订货系统向供应商发出订单需求。供应商按照约定的到货规则提前准备原材料和相应的人员，并根据订货系统里的订单交货。一般情况下，主机厂与供应商签订的订购合同有效期是1年。实际上，合同上除价格以外的条款基本不变，除非任意一方在1年到期前提出异议。主机厂与供应商在某个车型上的合作，时间期限很显然是大于 1 年的，一般合作的期限会直到合作的车型停产。

5.2 国产零部件订货管理

5.2.1 供应链管理的战略选择

1. 推动式和拉动式供应链的含义

按照供应链的驱动方式来划分，可将供应链划分为推动式供应链和拉动式供应链。

（1）推动式供应链。

推动式供应链是以制造商为核心企业，根据产品的生产和库存情况，有计划地把商品推销给客户，其驱动力源于供应链上游制造商的生产。其模式如图 5-3 所示。在这种运作方式下，供应链上各节点比较松散，属于卖方市场下供应链的一种表现。这种运作方式的库存成本高，对市场变化反应迟钝。

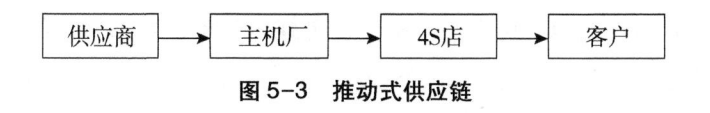

供应商 → 主机厂 → 4S店 → 客户

图 5-3 推动式供应链

（2）拉动式供应链。

拉动式供应链是以客户为中心，比较关注客户需求的变化，并根据客户需求组织生产。在这种运作方式下，供应链各节点集成度较高，有时为了满足客户差异化需求，不惜追加供应链成本，属于买方市场下供应链的一种表现。这种运作方式对供应链整体素质要求较高，从发展趋势来看，拉动式是供应链运作方式发展的主流（见图 5-4）。

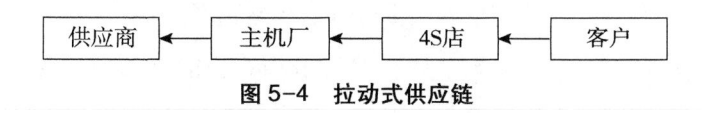

供应商 ← 主机厂 ← 4S店 ← 客户

图 5-4 拉动式供应链

2. 推动战略与拉动战略的特点

在现实生活中，完全采取推动战略或者完全采取拉动战略的并不多见。

这是因为两种战略虽然各有优势，但也存在局限性。

（1）推动战略的特点。

在推动式供应链中，生产和分销的决策都是根据长期预测的结果作出的。准确地说，制造商是利用从零售商处获得的订单进行需求预测。事实上，企业从零售商和仓库那里获取订单的变动性要比顾客实际需求的变动性大得多，这就是通常所说的牛鞭效应。这种现象会使企业的计划和管理工作变得很困难，经常会出现由于紧急生产转换引起的运输成本增加、库存水平变高或生产成本上升的情况。

推动式供应链对市场变化的响应滞后，可能会导致一系列不良反应。比如，在需求高峰时期，难以满足顾客需求，导致服务水平下降；当某些产品需求消失时，会使供应链产生大量的滞销库存。

（2）拉动战略的特点以及实施条件。

在拉动式供应链中，生产和分销是由需求驱动的，能与真正的顾客需求相协调。

拉动式供应链有以下优点：一是通过更好地预测零售商订单的到达情况，可以缩短提前期；二是由于提前期缩短，零售商的库存可以相应减少；三是由于提前期缩短，系统的变动性减小，尤其是制造商面临的变动性变小了；四是由于变动性减小，制造商的库存水平会降低；五是提高了资源利用率。当然拉动式供应链也有缺陷。最突出的表现是由于缺乏长期规划，拉动式供应链难以发挥生产和运输的规模优势。

拉动式供应链的实施需要具备相关条件：其一，必须有快速的信息传递机制，能够将顾客的需求信息（如销售点数据）及时传递给不同的供应链参与企业；其二，能够通过各种途径缩短提前期。

（3）汽车行业推动式与拉动式供应链的战略选择。

汽车行业在供应链的采购、库存等环节均希望能够实现"拉动"模式，但是这对大多数汽车企业来说是不可能实现的。因而在汽车行业中，普遍将拉动与推动相结合，如图5-5所示。

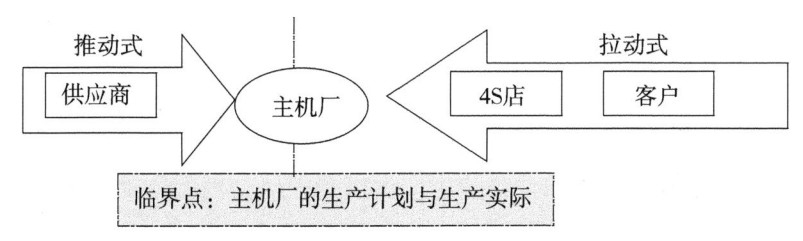

图 5-5 推动与拉动结合式混合供应链

5.2.2 物料需求计划——MRP

MRP 的基本原理是将产品的交货期展开成零部件的生产进度日程与原材料、外购件的需求数量和需求日期，即将产品出产计划转换成物料需求表。MRP 运输工具如表 5-1 所示。MRP 应用逻辑如图 5-6 所示。

表 5-1　　　　　　　　　　MRP 运输工具

处理的问题	所需的信息
生产什么？	切实可行的主生产计划（MPS）
要用到什么？	准确的物料清单（BOM）
已具备什么？	准确的物料库存数据
还缺什么？何时需要？	MRP 的计算结果（生产计划和采购计划）

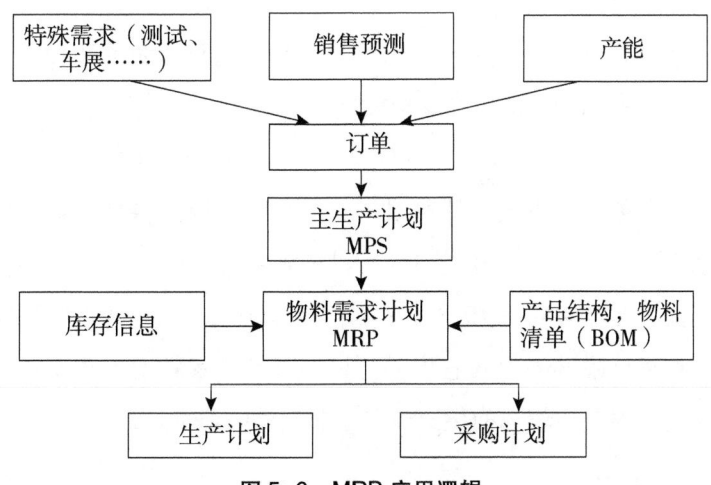

图 5-6　MRP 应用逻辑

5.2.3 零部件到货规则设定

1. 到货规则设定

到货规则可以十分详细地指导供应商按要求向主机厂送货。到货规则的相关要素如下所示。

(1) 订货周期。

主机厂两次发布订单的间隔时间。如果某主机厂每周二发布订单,那么订货周期就是1周。

(2) 订货提前期。

主机厂发布订单至供应商到货的时间长度。这个时间长度也就是供应商在接到订单后生产备货并发送至主机厂的时间长度。例如,某主机厂在W-3周的周二发布订单,并要求供应商在W-2周的周四到货,那么此时的订货提前期就是9天(加上2天周末)。生产计划及订单发布规则如图5-7所示。

(3) 一次订货量。

一次订货可以满足整车装车的台数。比如,1辆车需要2个前刹车盘,1个天窗,那么订购200个前刹车盘和100个天窗的订货量是一样的——100台车的订货量,因为它们都只能满足100台车的装车需求。

(4) 到货提前期。

零部件实际到货时间与实际使用时间之间的间隔时长。比如,周五要使用的零部件在周三到货,那么到货提前期就是2天。

(5) 到货方式。

到货方式一般分为直供和非直供,直供是指供应商将货物从供应商的出货口直接送至主机厂指定的收货口。直供的到货方式一般适用于距离主机厂较近的供应商,运输时间在10个小时以内。非直供是指供应商将零部件先大批量地送至主机厂附近的中转仓库,再根据订单较快频次地送至主机厂指定的收货地点。一般距离较远的供应商采用非直供的到货方式。

(6) 到货频次。

到货频次是指到货的频率。高频率到货如1天到货3次,1天到货1次,

月度生产计划流程														
N−2 M				N−1 M				N M				N+1 M				N+2 M	N+3 M	N+4 M	N+5 M
1W	2W	3W	4W	1W	2W	3W	4W	1W	2W	3W	4W	1W	2W	3W	4W

需求收集及生产计划草案

年度生产计划预备会

月度生产计划会

N月度生产计划

N+1月预测

N+2月预测

根据供应商供货能力、市场需求、各车间生产能力等确定

周度生产计划流程			
W−3	W−2	W−1	W
1 2 3 4 5	1 2 3 4 5	1 2 3 4 5	1 2 3 4 5

周生产计划

计划发行 零部件订购系统滚动发布

周生产确定

零部件采购订单制作发行　取货指示发行

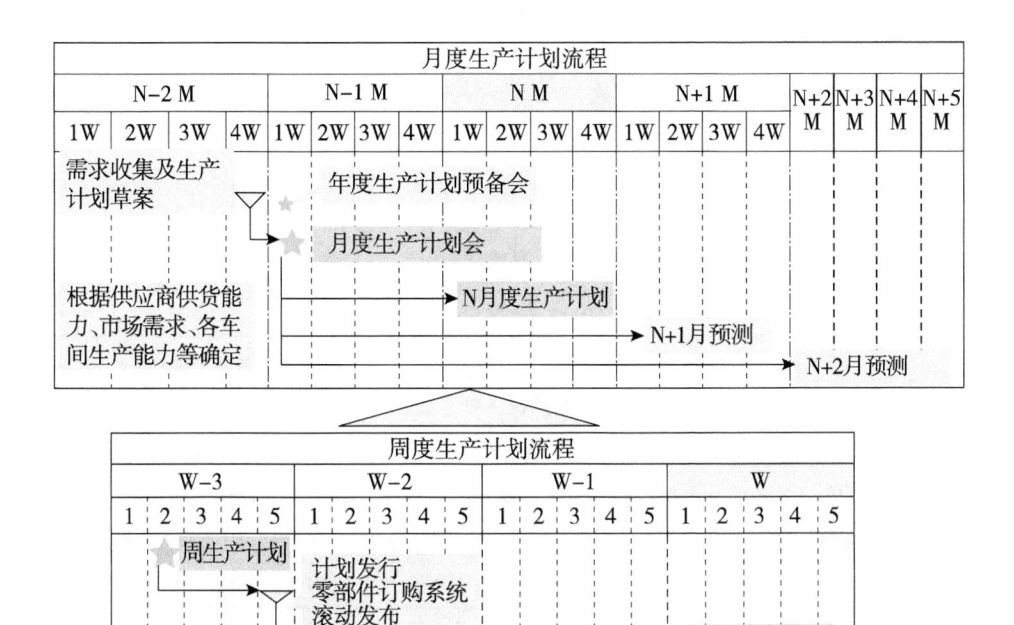

图 5-7　生产计划及订单发布规则

2 天到货 1 次；低频率到货如 1 周到货 1 次，1 个月到货 1 次。到货频率一般取决于该供应商的货量和零部件的大小。

（7）最小订购单元。

一般主机厂的订购以单位包装的收容数为最小订购单元，也就是 SNP。比如，外后视镜是用 800mm×600mm×340mm 的塑料周转箱进行包装，1 箱可装 12 个，那么订购数量应该是 12 的整数倍。

（8）安全库存。

安全库存是指超出基础需求的额外订购量，用作备用库存以防不良品、到货延迟等情况发生，确保生产可以正常进行。

2. 汽车零部件的基本构成及特点

（1）种类繁多。

一般来说，主机厂为组装成一台普通的轿车需要向一级供应商订购两千种左右的零部件，这两千种左右的零部件描述大致如表 5-2 所述，一般是总

成零部件。例如，门把手总成是其中的一种零部件。而主机厂的一级供应商需要向其下属的供应商（二级供应商）订购几种到几千种零部件。还是以门把手为例，生产门把手的供应商需要向二级供应商购买钢材、各种漆。制造漆的供应商还有它们的供应商（三级供应商）。

表 5-2　　　　　　　　　汽车零部件的构成

构成	名称
发动机配件	节气门体，发动机，发动机总成，油泵，散热器，滤清器
传动系配件	变速器，变速换挡操纵杆总成，减速器，传动轴凸缘、皮带
制动系配件	刹车蹄，制动蹄销，制动调整臂，驻车制动器操作杆总成
转向系配件	主销，转向机，方向盘，转向机总成，转向拉杆，助力泵
行走系配件	后桥，空气悬架系统，平衡块，桥壳，车架总成，轮胎，前桥
汽车灯具	装饰灯，前照灯，探照灯，吸顶灯，防雾灯，转向灯，应急灯
汽车改装	轮胎打气泵，汽车顶架，汽车顶箱，挡泥板，排气管，节油器
安全防盗	方向盘锁，车轮锁，防盗器，后视镜，ABS，倒车雷达，排挡锁
汽车内饰	汽车地毯（脚垫），方向盘套，方向盘助力球，窗帘，太阳挡
汽车外饰	轮毂盖，车身彩条贴纸，牌照架，晴雨挡
综合配件	黏结剂，密封胶，随车工具，汽车弹簧，塑料件
影音电器	胎压监视系统解码器，显示器，车载对讲机
化工护理	冷却液，制动液，防冻液，润滑油
车身及附件	雨刮器，汽车玻璃，安全带，静电消除天线，静电带
维修设备	钣金设备，净化系统，拆胎机，校正仪
电动工具	电冲剪，热风枪，电动千斤顶，电动扳手

（2）大小不一。

体积小的零部件如螺母、堵塞，一个 300mm×200mm×120mm 的 3212 型小箱可以装 500 个。体积大的零部件如门模块总成，单个零部件的包装需要占用约 10 个 3212 型小箱子的空间。

（3）零部件性质多样化。

汽车零部件有各种各样的性质，如化学件、金属件、电子件以及各种性能的集合。在订购不同性质的零部件时，需要结合其性质来设定安全库存和提前期。

（4）零部件功能多样化。

主机厂是整车组装厂，因而汽车所有的功能都体现在订购的零部件里。例如，汽车底盘由传动系、行驶系、转向系和制动系四部分组成。

（5）零部件用量不一。

一台车对同一种零部件的需求有些是 1 个，比如方向盘；有些是 2 个，比如前刹车盘；有些是 5 个，比如轮胎；有些是 20 个，比如某种紧固螺栓。

（6）零部件价值相差甚远。

不同零部件的价值从几分钱到几千元不等，那么对零部件的订购也是需要慎重考虑的。

零部件的最终订购实际就是针对每个零部件进行到货规则相关要素的设定。如何根据不同的零部件特点设定不同的到货规则呢？表 5-3 是一个常规的经验做法，不是绝对的，实际在订购的时候需要考虑多方面的因素。

表 5-3　　　　　　　　　　零部件订购规则

规则 \ 考虑因素	零部件体积	零部件性质	零部件功能	零部件用量	零部件价值	供应商距离
订货周期	一般情况下是 1 周，体积小、价值小的紧固件可能是 2 周或者 1 个月					
订货提前期	1~2 周					
一次订货量	一般情况下一次订货量是 1 周的生产需求量，根据到货频次安排不同的日期到货，体积小、价值小的紧固件可能是 1 次订购 2 周或者 1 个月的用量					
到货提前期	2~10 天，距主机厂越近的供应商提前期越短					
到货方式	与供应商远近及货量相关，货量大且距主机厂较近的供应商一般以直供的方式到货；远距离供应商一般采用非直供的方式					
到货频次	一般情况下，远距离供应商到货频次低，近距离供应商到货频次高					
最小订购单元	包装容器的收容数即 SNP					
安全库存	易损件的安全库存设定较高，其他的较低；远距离供应商的安全库存设定较高，近距离供应商的较低；价值低的零部件安全库存设定较高，价值高的零部件安全库存设定较低					

5.3 进口零部件订货管理

5.3.1 跨国采购概述

所谓跨国采购，也称为全球采购，是指超越国界的、在一个或几个市场中购买产品/货物或服务的过程。汽车零部件的跨国采购是汽车零部件采购的重要组成部分。

从表5-4中可以看出，进口件的采购具有比国产件采购更多的风险。

表5-4　　　　　　　　　　国产件与进口件的比较

	国产件	进口件
定义	由中国境内的供应商供应	由国外供应商供应
工厂地点	中国境内或国外	国外
在途时间	1~5天	15~60天
运输方式	公路、铁路	海运、航空
风险（不确定性）	风险小，可控性大	风险大，可控性小
管理难度	相对简单，沟通即时	难度较大，沟通有时差

5.3.2 跨国采购的方式

跨国采购的方式分为两种，第一种是主机厂直接向国外供应商采购，第二种是主机厂通过集团资源的全球采购中心向国外供应商订购。第二种采购方式比第一种采购方式更有竞争力。当前世界主要的汽车集团如美国的福特、通用和克莱斯勒，都有着上百年的历史，旗下的子公司、合资公司及汽车零部件战略合作伙伴遍布全球。汽车行业的全球化已经发展得十分成熟。当某子公司的新车型需要全球采购的时候，利用集团内部全球采购中心的资源及合作关系在零部件供应地进行采购是汽车行业普遍实行的方法。通过全球采购中心进行跨国采购的具体优势体现在以下几处。

①全球采购中心与零部件企业有更多的合作机会，利于建立长期的战略

合作伙伴关系。

②集中采购和规模采购易于形成价格优势，降低零部件采购成本。

③整合全球资源，可以更高效地找到合适的供应商资源，统一管理，降低采购管理成本。

④在日常的订购管理中，国内的主机厂一般直接面对全球采购中心的采购和物流人员，而无须对应众多的国外供应商，沟通起来更轻松、快捷。

5.3.3　跨国采购的提前期与库存设定

跨国采购的提前期比较长。由于海上运输的时间长，不确定性大，再加上清关所花费的时间，进口件的订购提前期一般在3个月以上。空运的费用太高，一般不作为常规的运输方式。

由于零部件订购的提前期长，进口件的库存水平也相对较高。设定库存水平的最低标准是：库存水平可用天数大于供应商最快响应天数。举个例子，如果主机厂向欧洲的某供应商提出紧急需求，该欧洲供应商以最快的速度准备好零部件并送达主机厂所需的时间是15天，那么该进口零部件的库存水平最低应该是15天，考虑到一些异常因素，比如航班延误、通关异常等，将库存水平设置在20天是比较合理的。

5.3.4　跨国采购的通关与物流

在进行国际贸易时，常规的是使用FOB协议、CIF协议及EXW协议。FOB是国际贸易中常用的贸易术语之一。FOB（Free On Board）即船上交货（指定装运港）。按此术语成交，由买方负责派船接运货物，卖方应在合同规定的装运港和规定的期限内，将货物装上买方指定的船只，并及时通知买方。货物在装船时越过船舷，风险即由卖方转移至买方。CIF（Cost, Insurance and Freight）中文意思为成本加保险费加运费（指定目的港），指当货物在装运港越过船舷时（实际为装运船舱内），卖方即完成交货。货物自装运港到目的港的运费、保险费等由卖方支付，但货物装船后发生的损坏及灭失的风险由买方承担。EXW，是指当卖方在其所在地或其他指定的地点（如工厂或仓库）将货物交给买方处置时，即完成交货，卖方不办理出口清关手续或将货物装上任何运输工具。买方必须承担在卖方所在地受领货物的全部费用和风险。

主机厂与进口件供应商使用 CIF 协议较多，这样货物到达目的港后，主机厂需安排通关和陆运。清关又称通关，是指进口货物、出口货物和转运货物进出一国海关关境或国境时，必须向海关申报，办理规定的各项手续，履行各项法规规定的义务。只有完成申报、查验、征税、放行等手续后，货物才能放行，货主或申报人才能提货。根据查验的程度不同，清关所需的时间为 1~7 天。缩短通关所需要的时间对于及时得到紧急零部件尤其重要。

5.4 售后件订购管理

5.4.1 售后件的定义

售后件，是指生产企业、经销商把汽车销售给终端消费者后，消费者对于部分零部件的需求件。

5.4.2 售后件的需求特点

售后件的需求特点如下。

①售后件的订购需求和预测一般由销售部售后科提出。

②售后件需求量比较零散。

③售后件的预测一般波动较大。

④售后件对零部件的包装有特殊的要求，一般要求单独的、比较精美的包装。

⑤售后需求要及时、快速响应。

⑥售后件的价值相对较高。

5.4.3 售后件的订购特点与到货方式

售后件的订购与量产件类似，关于到货规则的设定大部分可以参照量产订购的规则，只是在包装数量上和到货时间上会有些不一样。包装数量一般比较少，到货时间要求更加严格。

5.5 车型停产时的订货管理

车型停产意味着在某一时刻这个车型不生产了，那么后续也就不需要再投入更多的零部件了。这时做好零部件订购的特殊管理工作，对于减少因为车型停产造成的库存损失极其重要。车型停产时的订购管理主要是控制零部件的订购，使订购总量与停产前的需求量基本相符。最完美的状态是：车型停产后，主机厂和供应商除了必要的用于售后需求的库存，不再留下任何呆滞库存。要想做好车型停产时的订货管理，关键要做到以下几点。

①主机厂应至少提前半年制订停产计划。

②做好一级、二级、三级供应商的库存调查与削减计划。

③做好新旧车型切换工作。

5.6 入场物流模式

5.6.1 入场物流模式概述

入场物流从运输安排主导方来划分，可以分为送货物流和取货物流。送货物流是传统的入场物流模式，由供应商根据主机厂的订单要求，选择适当的物流方式将零部件送达主机厂指定地点。送货物流的产品价格里包含了运输费用。取货物流就是通过主机厂给供应商发订单，供应商按交货期和数量提前备好货，由主机厂委托的第三方物流公司按照设定的运输路线、运输方式从供应商指定的货点取货，再运输至主机厂指定场所的一种采购运输方式。取货物流中，运输费用不计入产品采购价中，运输费用由主机厂支付（见表5-5）。

表 5-5　　　　　　　　　　送货物流与取货物流的比较

内容		比较	
		送货制	取货制
信息传递	订货信息	传递到主机厂的交货要求	传递到供应商的交货要求
	订单完成信息反馈点	到达主机厂	取货后
在途管理		供应商	主机厂
验收作业		到货后交接验收	在取货点交接
运输费用		供应商	主机厂

5.6.2 取货物流

1. 取货物流的几种模式

取货模式一般分为省内直取、省内循环取货、省外直取、省外循环取货、近距离同步物流，如图 5-8 所示。

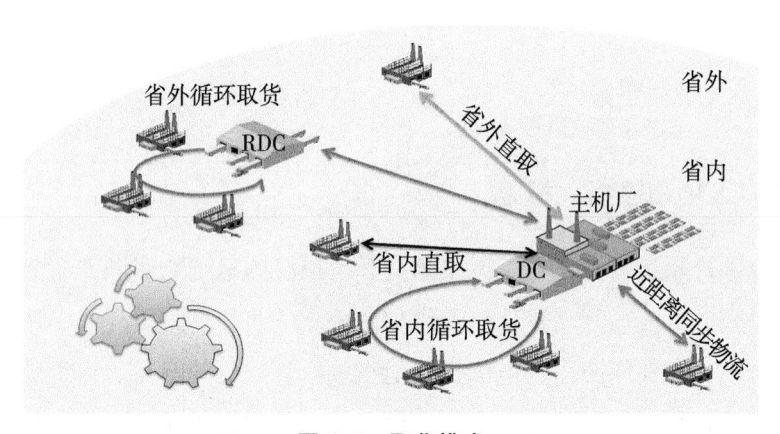

图 5-8　取货模式

2. 取货物流的特点

（1）统一的运输网络规划。

送货物流是各供应商分别建立各自的运输网络（见图 5-9），而取货物流是由主机厂统一规划运输网络（见图 5-10）。

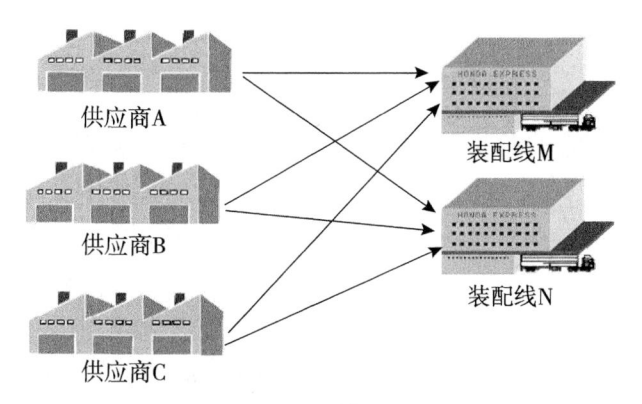

图 5-9　送货物流

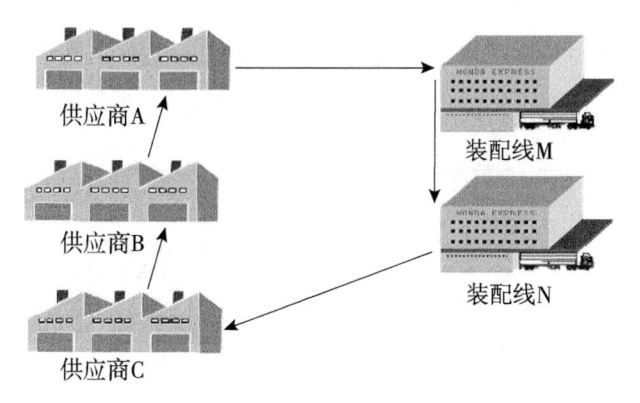

图 5-10　取货物流

（2）导入集配中心，提高运输效率。

如图 5-11 所示，在供应商集中的区域选择合适的位置建立集配中心，取货车辆到供应商 A、B、C、D、E 处取货，通过短途运输将零部件送至集配中心，再经过长途运输满载至装配工厂。

（3）多种运输方式并用。

取货物流采取更多样化的运输方式，将长途运输和短途运输结合起来，有利于提高装载率、降低物流成本。

（4）包装容器的标准化。

包装容器在最初设计的时候就限定了使用的规格范围，以便不同规格的包装箱可以进行单元化打包。

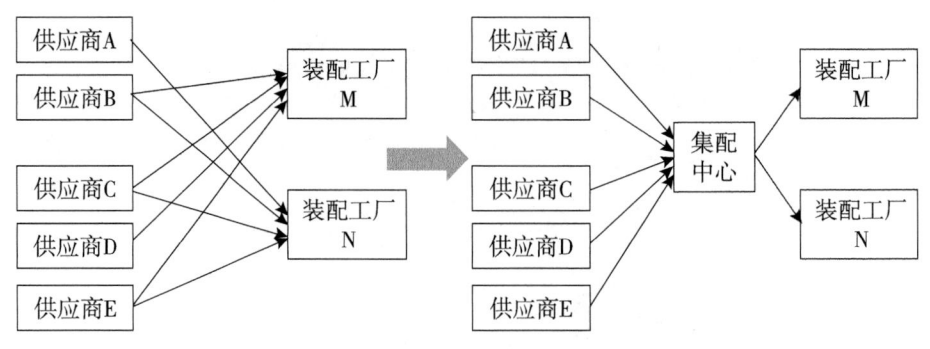

图 5-11　集配中心运作示意

(5) 运输费用剥离。

运输费用剥离是指在取货的时候，产品的价格没有包含运输费用，运输费用由主机厂支付给承担取货活动的物流商，如图 5-12 所示。

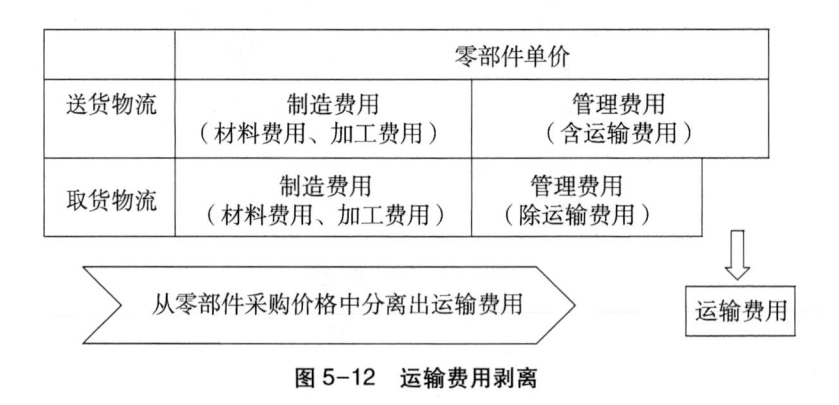

	零部件单价	
送货物流	制造费用 （材料费用、加工费用）	管理费用 （含运输费用）
取货物流	制造费用 （材料费用、加工费用）	管理费用 （除运输费用）

从零部件采购价格中分离出运输费用 ⇒ 运输费用

图 5-12　运输费用剥离

3. 实施取货物流的必要条件

(1) 尺寸标准化。

尺寸标准化，就是指容器的长、宽、高符合标准化，便于单元化包装。常见的包装箱尺寸匹配类型如图 5-13 所示。

(2) 装箱数量标准化。

标准包装量应为装配系数的整数倍。对于单件收容数在 5~200 的零部件（除螺母等细小零部件、已选择最新尺寸容器的零部件外），包装设计时需考虑零部件日均消耗量的有关要求。螺母等小件的包装优先选用 300mm×200mm×114mm 规格容器。大包装量最好不超过 1 个月零部件的消耗量。有效期零部

序号	图片	编码	外尺寸（mm）			参考内尺寸（mm）			材质	备注
			长	宽	高	长	宽	高		
1		EU3212	300	200	120	265	165	110	抗冲击聚丙烯	设计使用寿命至少3年
2		EU4312	400	300	120	365	265	110		
3		EU4323	400	300	230	365	265	220		
4		EU6412	600	400	120	565	365	110		
5		EU6423	600	400	230	565	365	220		
6		EU6434	600	400	340	565	365	330		
7		EU8623	800	600	230	765	565	220		
8		EU8634	800	600	340	765	565	330		
9		EU12423	1200	400	230	1165	365	220		

图 5-13 常见的包装箱尺寸匹配类型

件、质量敏感件、贵重零部件和关键零部件等特殊零部件，最多包装量最好不超过5天零部件的消耗量。

（3）包装托盘化。

单个托盘高度不超过1100mm，总重不超过1000kg；零部件混载时必须有混载标签，且重不压轻；托盘最顶层应是平面，不够箱数用空箱填充，但必须在该箱贴"空箱"标签；必须保证塑料箱标签在托盘外侧，以便目视；整托盘必须进行防尘、防水处理，用打包带捆绑。

（4）运输车辆标准化。

运输车辆必须是符合国家道路运输安全规定的封闭厢式车辆，每台车至少配备两个三角木，以确保卸货时的安全。运输车辆尺寸以欧标托盘尺寸为基准。

（5）物流量集中。

取货前首先需要对供应商区域与物流量进行整体分析与评估，在货量集中的区域，才能实施取货。

(6) 供应商取货资质要求。

供应商包含原材料供应商与物流供应商。

原材料供应商资质主要体现的是供应商的地理位置、管理水平与配合度的情况。

有实力雄厚的车队资源、丰富管理经验、成熟的取货操作能力是物流供应商实施取货物流至关重要的条件。物流供应商的资质是需要主机厂进行考量的。

(7) B/C 分析。

成本是取货物流最主要的衡量标准。进行 B/C 分析时，需要对取货物流发生的成本费用与供应商物流费用的报价进行对比分析，如果成本低于供应商报价，则可以实施取货物流，如果成本大于报价，除非取货物流可以极大地改善零部件运输品质并且降低停线风险，否则不宜实施取货物流。

6 汽车生产物流管理

6.1 汽车生产物流概述

汽车生产物流主要指对应冲压、焊接、涂装和总装四大车间的生产物流（见图 6-1）。

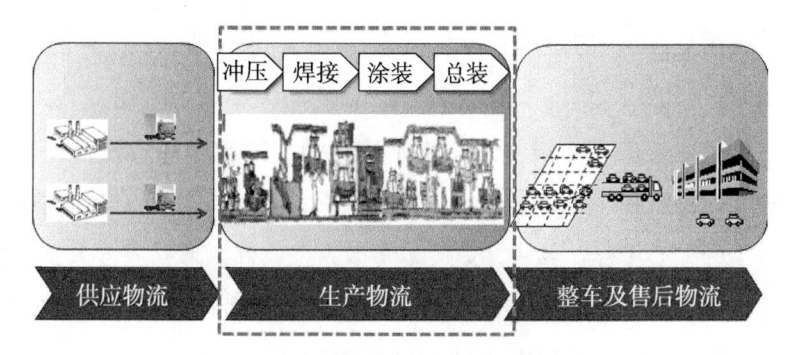

图 6-1 生产物流在汽车物流供应链中的位置

目前国内汽车及零部件厂商生产物流模式主要有以下几类（见表 6-1）。

表 6-1 目前国内汽车及零部件厂商生产物流模式

物流模式	优点	缺点	使用条件	代表企业
定时定点	物流操作难度低 物流成本低 配送错误率低	生产柔性化程度低 线边库存较高 线边 5S 较差	批量生产	部分自主品牌主机厂

续 表

物流模式	优点	缺点	使用条件	代表企业
看板拉动	物流工时平均 线边 5S 优良 装配方便 生产柔性化程度较高	物流成本相对较高 需要系统支持	平准化 生产	部分日系 主机厂
大量推行同步物流 JIT/JIS 和 SPS 单台套配送	线边库存低 线边 5S 优良 装配方便 生产柔性化程度高	物流成本最高 需要强大的系统支持 车间需要大量物流空间	高柔性化 生产	丰田及部分 欧美主机厂

6.2 工艺流程与车间布局

工艺流程是技术加工过程、化学反应过程与物流过程的统一体。

汽车制造一般由冲压、焊接、涂装、总装四大装配工艺组成，大型的主机厂会根据企业发展需求设立发动机制造车间、树脂车间和模具加工车间。如何实现厂内物流和生产工艺的高效衔接，是汽车主机厂推进精益物流、降低生产成本的核心工作。其中，焊接车间多为金属件，形状差异大，易损伤，对包装容器的要求较高。总装车间涉及零部件种类多，包装规格差异大，需要根据零部件的实际情况采用不同的方式进行供件。

在确定工厂布置时，单独考虑工艺是不够的，必须考虑整个物流过程。汽车四大工艺车间布局以"人"字形或"L"形的布局较为常见。

工厂布置要从系统的角度出发，整体优化，以达到物料转运周期最短，并符合安全生产和工艺流程的要求，从而确保工厂空间被综合、充分、均衡、灵活应用。

常用的工厂布置方法有物料流向图法和物料运量图法。物料流向图法是指按照原材料、在制品及其他物资在生产过程中总的方向和运输量，通过绘制物料流向图来布置工厂的车间、设施和生产服务单位。一般要根据物料的流向，结合企业地形和厂区面积绘制物料流向图。物料运量图法是根据各个生产环节物料运输量的大小来进行企业总平面布置的方法。该方法强调将关联运输量较大的环节就近布局，以便达到总运输量降低。

例如，某冲压车间生产自制侧围，由于工艺路线往复交叉，生产物流路线长达 800 多米。车间精益生产主管根据"物流流程分析"，对冲压机床布局和生产物流路线进行调整，改善车间物流布置，使生产物流路线缩短 230 米，节省人力、电力等成本达 53%。

6.3 汽车制造生产现场管理

6.3.1 生产现场 5S 管理

5S 包含整理（SEIRI）、整顿（SEITON）、清扫（SEISO）、清洁（SEIKETSU）、素养（SHITSUKE）五个项目。5S 起源于日本，是指在生产现场中对人员、机器、材料、方法等生产要素进行有效管理，这是日本企业独特的一种管理办法。其中，丰田公司的积极倡导，使 5S 在塑造企业形象、降低运营成本、保障准时交付、强化安全生产等方面发挥了巨大作用。

6.3.2 定置管理

定置管理是对生产现场中人、物、场所三者之间的关系进行科学分析研究，使之达到最佳结合状态的一种科学管理方法。它以物在场所的科学定置为前提，以完善的信息系统为媒介，以实现人和物的有效结合为目的，通过对生产现场进行整理、整顿，把生产中不需要的物品清除掉，把需要的物品放在规定的位置，促进生产现场管理文明化、科学化，达到高效优质、安全的生产效果。

定置的基本形式有如下两种。

固定位置：即场所的固定、物品存放位置固定、物品的信息媒介物固定；适用于物流系统中周期性地回归原地，在下一个生产活动中重复使用的物品。

自由位置：相对地固定一个存放物品的区域；适用于物流系统中那些不回归、不重复使用的物品。

定置管理开展程序如图 6-2 所示。企业可按自己的实际情况进行调整。

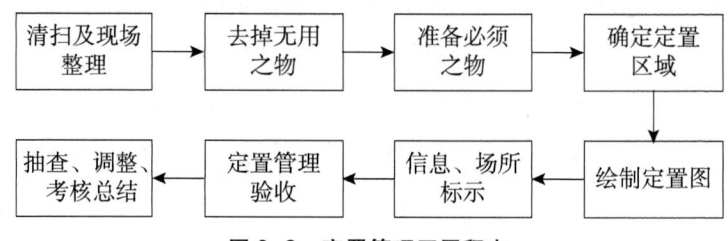

清扫及现场整理 → 去掉无用之物 → 准备必须之物 → 确定定置区域

抽查、调整、考核总结 ← 定置管理验收 ← 信息、场所标示 ← 绘制定置图

图 6-2 定置管理开展程序

定置管理的原则包括以下几点。

①有利于提高产品质量。

②有利于促进生产、提高工作效率。

③有利于安全生产。

④有利于降低产品成本，提高经济效益。

⑤有利于充分使用生产场地，发挥生产能力。

⑥有利于定置物品的规范化、标准化、科学化。

6.3.3 生产物流设施及装备

1. 输送机

输送机是生产物流中主要采用的通用物流机具。输送机在生产物流中的应用，主要体现在两方面，一是用作物料输送，如矿石、煤炭等原材料的运输；二是用作装配中的主要机具。

在生产流水线采用的主要输送机种类有：皮带输送机、辊道输送机、链式输送机、悬挂输送机、板式输送机等。

2. 集装单元器具

主要有集装箱、托盘、周转箱和其他集装单元器具。货物经过集装单元器具的集装或组合包装后，具有较高的灵活性，随时都处于准备运行的状态，有利于实现储存、装卸搬运、运输和包装的一体化，达到物流作业的机械化和标准化。

3. 叉车

叉车，即工业搬运车辆，是指对成件托盘货物进行装卸、堆垛和短距离运输作业的各种轮式搬运车辆，被国际标准化组织 ISO/TC110 称为工业车辆。叉车在企业的物流系统中扮演着非常重要的角色，是物料搬运设备中的主力军。

目前叉车分为内燃叉车（见图6-3）、蓄电池叉车（见图6-4）两类。

图 6-3　内燃叉车

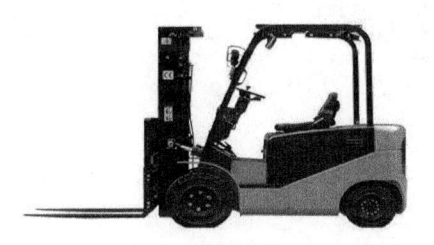

图 6-4　蓄电池叉车

内燃叉车按动力分为柴油叉车、汽油叉车、液化石油气叉车。

内燃叉车按传动方式分为机械传动叉车、液力传动叉车、静压传动叉车。

蓄电池叉车主要分为平衡重式蓄电池叉车、前移式蓄电池叉车、电动托盘堆垛叉车、电动搬运车等。

蓄电池叉车按驱动方式分为集中驱动蓄电池叉车、单驱动蓄电池叉车。

与内燃叉车一样，蓄电池叉车也分为普通标准型和特种用途的各种专用叉车。

叉车按结构分类主要有：平衡重式叉车、前移式叉车、侧面叉车、插腿叉车。其中，平衡重式叉车应用最广，常简称为叉车（见图6-5）。

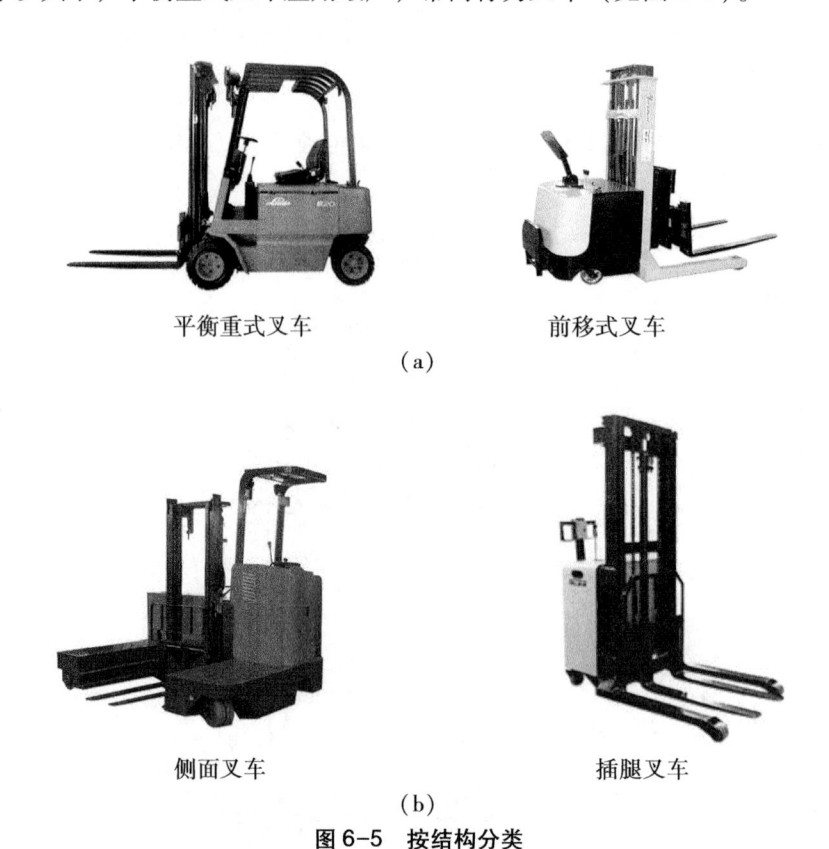

平衡重式叉车　　　　　前移式叉车

(a)

侧面叉车　　　　　插腿叉车

(b)

图6-5　按结构分类

6.3.4　生产物流节点

生产物流节点，主要以仓库形式存在，虽然都名为仓库，但生产物流中各仓库的功能、作用乃至设计、技术都是有区别的。一般来说，生产物流中的仓库有两种不同类型。

1. 储存型仓库

一般来讲，在生产物流中，这种仓库的数量是希望尽量减少的。

2. 衔接型仓库

衔接型仓库是生产企业中各种类型中间仓库的统称，有时简称中间仓库。中间仓库完全在企业的可控范围之内，因此，可以采用种种方法缩减这种仓库的数量，甚至完全取消这种仓库。解决这一问题需要管理方法与调整技术并用。从技术方面来讲，是调整半成品生产与成品生产的速率。

6.4 生产物料管理

6.4.1 物料盘点

物料盘点是对车间物料管理实绩的检查手段。物料盘点范围主要涉及：工厂车间、仓库。企业物料盘点方式根据盘点频次可划分为月度盘点、季度盘点、年中盘点、年终盘点和循环盘点 5 类。

物料盘点注意事项包括以下几点。

①零部件须停止流动。

②非公司资产需有明显标识。

③需保证所有资产都要盘到。

④公司外部资产需通过沟通获取真实数据。

一般情况下可设定盘点误差，如表 6-2 所示。

表 6-2　　　　　　　　　　盘点误差

序号	允许差异	分类简述
1	±0.40%	A 级物料
2	±0.8%	B 级物料
3	±1%	C 级物料

6.4.2 不良品管理

1. 不良品类型

不良品主要包括：调机报废品、自检报废品、QC 抽检不良品、制程全检不良品、品管试验样品、超储存期限产品、客户退货品。

2. 不良品的处理

不良品必须及时进行处理。处理方法一般分为退货、特采、降级处理、修复、报废。

在不良品管理中，应将不良品当作良品看待，不论是不良品的出入库，还是摆放、储存都要尽量与良品一致。如果乱堆乱放，会造成不良品进一步被破坏。

6.4.3 现场物料配送

现场物料配送是生产物流部门根据生产计划提出物料需求清单，并由物流人员根据物料需求清单统一配送物料的管理方式。

目前，汽车制造企业现场物料配送主要有三种方式：计划配送、JIT 配送和 JIS（Just In Sequence）配送。其中，计划配送为"推动式"配送，JIT/JIS 属于"拉动式"配送。

1. 计划配送

计划配送方式较简便、易操作，但它只适合于大批量、品种单一、生产稳定的生产模式，如一些小零部件。

2. JIT 配送

JIT 配送的主要优点在于可以实现小批量、多频次配送；适用于混流生产，物流运作不受生产波动的影响；减少线边库存；利用目视化管理，便于物流运作的标准化。

3. JIS 配送

JIS 配送适用于以下几种情况。

①对现场空间需求较大的零部件，如座椅等。

②派生件，即不是所有车型都使用的零部件，如保险杠等颜色件。

③贵重零部件。

6.5 库存管理及缺件管理

6.5.1 库存管理

在汽车制造企业中,库存管理是物流管理的重中之重。很多物流管理中的问题被库存所掩盖,所以有"库存冰山"的说法。如何精确评估库存成本并有效控制库存成本,一直是企业面临的难题。

要对库存进行有效管理和控制,首先要对存货进行分类。常用的存货分类方法有 ABC 分类法和 CVA 分类法。

(1) ABC 分类法。

对于主机厂来说,简单的 ABC 分类不能满足流程规划和精益生产的需求。

物料 ABC 分类如表 6-3 所示。

表 6-3　　　　　　　　　物料 ABC 分类

分类	品种	子类	子种类	种类描述
A	贵重件	AA1	大型零部件及多派生零部件	包括所有的贵重零部件,要求为大型零部件及多派生零部件
		AA2	大型零部件	包括所有的贵重零部件及大型零部件,不属于多派生零部件
		AA3	多派生零部件	包括所有大型的多派生零部件,要求非大型零部件
		AA4	其他贵重零部件	包括未指定到上述分类中的其余贵重零部件,不包括大型零部件
	AB 大型零部件	AB1	多派生零部件	包括所有大型的多派生零部件
		AB2	其他大型零部件	包括未指定到上述分类中的其余大型零部件
	AC 多派生零部件	AC	—	—
B	常规零部件	B	—	—
C	小/便宜零部件	C	—	—

(2) CVA 分类法。

①最高优先级——经营的关键性物资,不允许缺货。

②较高优先级——经营活动中的基础性物资,允许偶尔缺货。

③中等优先级——多属于比较重要的物资,允许合理范围内的缺货。

④较低优先级——经营中需要这些物资,但可替代性高,允许缺货。

6.5.2 缺件管理

1. 仓库零部件缺件

在仓库管理中,一般会用到各类库存管理信息系统对在库零部件进行账务管理,包含入库、出库、隔离、报废等各项内容。目前国内企业常用的相关管理系统有 SAP、用友以及各企业内部自行开发的库存管理系统。

在该项管理中,可利用库存报表、系统预警等一系列措施对库存水平进行监管控制,但是针对不同零部件的到货周期(Lead Time)不同,所以不同零部件的预警时间也应有所不同。仓库管理人员应在设定好的预警时间之前对零部件预警,将相关信息反馈给物料控制和生产控制人员,以便及时催料或调整生产计划。

2. 非仓库零部件缺件

非仓库零部件也就是各主机厂常提到的直供件,即不经过主机厂管理的仓库,由供应商工厂端或中转仓将零部件直接送至主机厂车间指定物流区域或直接送至线边使用。

在该项管理中,因主机厂没有过多的库存,所以对于这类零部件的到货时间精度和预警反应速度要求都很高。若供应商没有在预定的时间范围内送货,则零部件接收人员应及时将相关信息反馈给物料控制和生产控制人员,以便及时催料或调整生产计划。

7 整车物流（出厂物流）

7.1 整车物流概述

整车物流在不同国家的汽车行业内有不同的说法：在日本被称为"车辆物流""完成车物流"；在英国和美国等也称为"Vehicle logistics""Vehicle transport"。

按照整车物流标的物设计和技术特性，整车物流可以分为：乘用车车辆物流、商用车车辆物流、特种车辆物流、工程车车辆物流等。

按照整车物流标的物车辆使用年限特性，整车物流可以分为：商品车车辆物流、二手车车辆物流等。

按照整车物流运输工具特性，整车物流运输方式可分为：陆路运输、航空运输、水路运输等。其中，陆路运输可分为公路运输和铁路运输；水路运输又可分为集装箱运输、滚装船运输。

中国整车物流行业始于20世纪90年代，是伴随着中国汽车产业逐步发展起来的，经历了从无到有、从粗放到专业、从被动模仿到主动创新的逐步提升过程。整车物流的变化体现在以下几个方面。

（1）物流内涵的变化。

整车物流从简单的商品车运输升级为以运输为主体，仓储、配送、末端增值服务为辅的新型物流模式，技术含量更高，增值环节更多，与主机厂合作更紧密。

（2）竞争方式的变化。

随着汽车个性化消费需求增长，小批量、多频次的物流服务成为主流趋势。未来整车物流行业必将从单纯的价格竞争转向多要素综合服务能力的竞争。

(3) 区域物流中心的建立。

基于厂商地理位置、销售区域分布及销售前移、成本控制等因素考量，区域物流中心的运营模式会越来越普遍。

(4) 整车物流团队将从作业型向方案策划型转变。

7.2 整车物流的运作模式

(1) 封闭式很强的企业内部物流，也是第一方物流，我们称为自营物流。在这种模式下，企业拥有完全的物流设施和人员配置，隶属于企业的销售部门。

(2) 第三方物流（3PL）。主机厂将物流业务委托第三方运作，第三方拥有独立的设备和人员配置。主机厂为了保持第三方的服务质量水平，可引入竞争机制，将业务分给多家第三方物流企业。这种物流模式便于处理供应链末端任务，在尽可能靠近消费者的区域完成产品制造，降低运输成本，减少供货时间，便于提供定制化产品。

(3) 第四方物流（4PL），业务委托第四方。4PL 形式高于 3PL，只拥有管理团队，以资源分配和管理手段，将业务委托给 3PL 运作。主机厂只需与 4PL 协作和管理。

在实践中企业选择什么样的物流模式，是由企业所面临的内外环境以及发展战略共同决定的，没有能适用于所有情况的万能模式。在具体的物流模式选择中，应考虑法规、客户需求、社会服务能力、产品特性、成本控制等关键因素。

7.3 整车仓储与运输

汽车企业的成品车多以代销的方式存放在经销商及各地营销中心。对这部分没有形成回款的资产，管理上要求是非常高的。在途车辆的库存管理也存在同样的问题，而且由于在途车辆确认的不及时，往往造成盘点差异。

在汽车整车平面仓储管理中，保持同车型同颜色同列存放，充分利用空间，能够很好地采用先进先出的方法出车（见图7-1）。

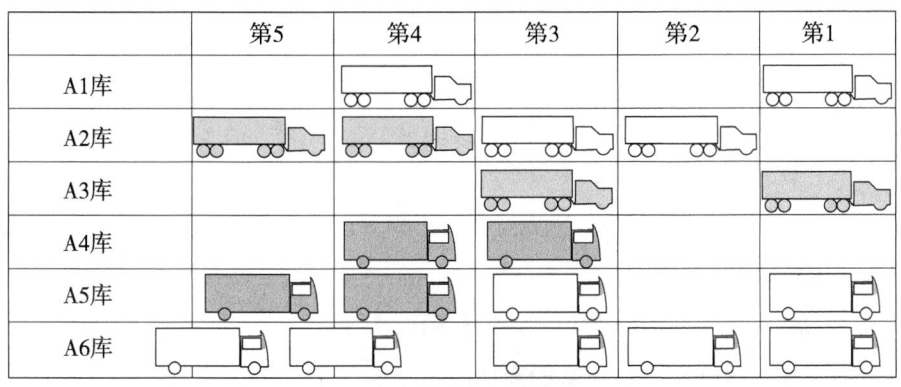

（a）管理不善的库区

（b）管理良好的库区

图7-1 两种管理库区的差别

在有条件使用条码设备的仓库中，采取条码扫描的方案实时记录车辆入库和出库，及时反映车辆的库存增减变化信息，大大提高了数据的准确性和及时性。对汽车销售而言，准确的库存信息为满足市场需求提供了可靠的信息保障。将销售信息和库存信息联系起来，可以迅速调整汽车整车的生产计划、销售计划、运输计划，及时安排人力和物力，切实满足市场需求。

汽车行业的运输管理有其特殊性，在计算运输费用时，要考虑运输方式、运输路线长度等因素，另外按公里数的不同要求执行分段计费标准。

7.4　汽车销售物流管理

7.4.1　销售物流规划

（1）确定商业模式。

（2）设定客户服务水平和服务成本分析。

（3）物流服务网络设计：配送中心的数量、位置和大小，配送中心覆盖的服务半径等。

（4）物流管理组织结构和管理流程的设计。

（5）库存战略和运输战略的设计。

（6）物流信息系统规划设计。

（7）流通加工功能的设计。

7.4.2　汽车销售模式

目前国内汽车销售模式主要有四种：汽车专卖店、汽车超市、汽车交易市场、汽车园区。

1. 汽车专卖店（4S 店）

汽车专卖店的功能通常包括新车销售、二手车回收/销售、维修服务、配件销售、信息反馈。根据汽车专卖店功能的组合，可以将汽车专卖店分成 2S 店、3S 店、4S 店和 5S 店，其主流是集整车销售（sale）、零部件（spare-part）、售后服务（service）、信息反馈（survey）于一体的 4S 店模式。我国目前拥有小轿车经营权的各类企业已达 7000 多家，如果加上各类挂靠的零售店，总体数量将超过 20000 家。其中，各种品牌专卖店大约有 2000 家，正在成为当前轿车销售的重要组成部分。

2. 汽车超市

汽车超市是一种可以代理多种品牌的汽车并提供这些代理品牌汽车销售

和服务的一种方式，例如北京的亚之杰联合汽车销售展厅里就有大众、奥迪、福特和奔驰品牌轿车，并且进口车与国产车摆在一起销售。

3. 汽车交易市场

汽车交易市场是将许多汽车专卖店集中在一起，提供多种品牌汽车的销售和服务，同时还提供汽车销售的其他延伸服务，如贷款、保险、上牌等。

4. 汽车园区

汽车园区是汽车交易市场在规模和功能上的"升级版"。除了规模上的扩张，汽车园区最主要体现在功能上的全面性。在汽车销售、汽车维修、配件销售等方面，汽车园区加入了汽车科技交流、汽车科普教育、汽车展示、汽车信息、汽车旅游和娱乐等众多的功能。

目前在中国的一级市场上，以4S店为主导的汽车销售体系已经形成，但在二级市场中，汽车交易市场仍然是一种主流的汽车销售模式。

7.4.3 汽车销售物流服务

1. 销售物流服务的基本特点

（1）产品的可得性。如缺货频率、满足率、发出订货的完成状况等。

（2）运作绩效。如运作速度、持续性、灵活性等。

（3）服务可靠性。如完好无损的到货、准确无误的结算、货物准时到达等。

2. 销售物流渠道

销售物流渠道又叫作分销渠道，是指产品从生产企业运送到客户手中所经过的路线及经营机构。销售物流渠道主要分为直接销售物流渠道、间接销售物流渠道和代销渠道三种。

3. 销售物流服务水平的确定

销售物流服务需要根据企业的物流策略制定相应的物流服务水平。确定物流服务水平的方法可以有很多种，取决于企业的销售策略和物流策略。最常用的方法是将竞争对手的最优服务水平作为标杆。

7.4.4 整车销售物流外包管理

1. 物流外包的决定因素

①企业难以独立拓展物流业务。

②企业内部无法构建高效物流体系。

③企业自营物流与其他专业企业相比没有竞争力。

2. 物流外包时应考虑的问题

①物流外包是否符合企业的发展战略。

②是否影响企业的核心竞争力。

③是否能够提高物流效率。

3. 选择物流服务商要遵循的具体原则

主机厂在评价物流服务商后，对符合要求的供应商进行专业打分并筛选，需要遵循如下基本原则。

①适应本企业战略目标要求。

②具有业务集中控制能力。

③具有与企业物流业务相关的经验。

④适应企业发展的物流技术水平。

⑤主要业务与企业物流业务具有兼容性。

⑥具备企业需求的真实能力。

⑦建立信任关系。

⑧企业文化相似。

⑨企业经营状况不断改善。

⑩不过分强调成本最低。

4. 物流服务商的选择流程

物流服务商的选择流程大致分为如下几个阶段。

①初始准备。

②识别潜在的物流服务商。

③物流服务商初选和精选。

④建立物流服务商关系。

⑤物流服务商关系评估。

5. 企业物流外包的风险

企业物流外包存在较大的风险。主机厂需对物流控制风险、客户关系管理风险和连带经营风险进行重点评估和控制。

7.5 汽车逆向物流

7.5.1 汽车逆向物流概述

随着汽车市场的不断成熟，消费者需求个性化的突出，资源利用的创新以及环保意识的提高，只注重汽车正向物流是不够的，汽车逆向物流必须得到应有的重视。

汽车逆向物流是以满足消费者需求和保护环境为出发点，根据实际需要，对汽车产品实行从下游到上游的物流活动。它包括退回物流和废弃物物流两大部分。

汽车逆向物流基本活动如图7-2所示。

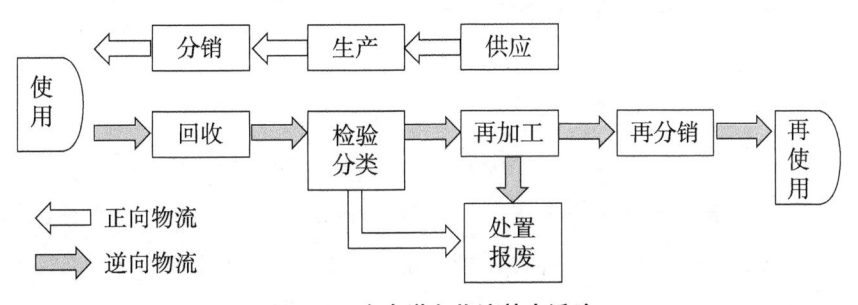

图7-2 汽车逆向物流基本活动

7.5.2 汽车逆向物流的发生源

1. 退货

在汽车制造中，成千上万的零部件，只有很少一部分由本土生产。大部分汽车零部件需要通过跨地域的物流活动进行供应。大规模生产和配送、运输及储存等环节都会造成零部件的缺陷和瑕疵。顾客在购买由于此类原因制成的问题汽车产品后，就会对此类汽车产品进行退货。

2. 汽车召回

汽车召回，指按照相关法规要求的程序，由缺陷汽车产品制造商进行的消除其产品可能引起的人身伤害、财产损失的缺陷的过程。

3. 资源再利用

汽车的使用寿命是有限的，经过了一定时期（一般为 8~10 年）的运行后，汽车零部件的磨损达到极限，汽车废气排放量极大，对环境造成严重污染，也容易造成汽车事故的发生。此时，汽车必须进行报废，降低其对环境的破坏程度，消除安全隐患。从经济角度上看，报废汽车上的钢材、铝材等金属能经过处理后重新利用；某些零部件拆解后能重新使用。

4. 生产过程中的废弃物

汽车的生产过程中会产生许多废弃物，主要包括边角废料和废弃包装物等。对生产过程中废弃物的回收也是逆向物流中的重要内容。

7.6 整车物流未来发展前景

1. 构建与国际一流整车物流公司接轨的世界级标准化体系平台

目前，我国汽车物流企业标准化体系平台的建设尚属起步阶段，大部分物流企业还未建立标准化体系平台。因此，中国汽车物流企业要想在国际竞争环境下找到自己的位置，就必须加快标准化体系平台的构建，逐步实现基础技术标准、基础管理标准和工作标准的管理系统，并在此基础上推进战略能力建设、技术能力建设、信息化能力建设、组织能力建设、响应能力建设、运输与仓储能力建设、业务开发能力建设，构建物流企业核心竞争力体系，创造差异化的竞争能力。

2. 必须实现物流供应链的优化

在市场竞争日益激烈的环境下，汽车工业对交货期的要求越来越高，对产品和服务的期望也越来越高。因此，单一的汽车物流供应链显然不能满足飞速发展的市场需要，必须对原有的供应链进行优化。

在供应链管理环境下，汽车整车物流企业需整合自身的服务设计、供应、订单执行、运输、库存等各个物流环节，构建完善的供应链，建立系统之间的协作，并优化整车物流网络、仓储、运输、市场、技术系统。

8 汽车备件物流管理

随着中国汽车产业迅速发展，全球各大汽车生产厂商悉数进入中国市场进行整车生产和销售，各汽车品牌之间的竞争重心将由技术、价格的竞争更多地转向售后服务的竞争。到 2012 年年底，全国的汽车保有量已经达到 1.2 亿辆，这些车辆的日常维修保养需求已经形成了一个巨大的售后服务市场。汽车备件物流的复杂性决定了零部件供应商、汽车生产商、分销商、零售商需要在整条供应链上密切合作与快速响应，因此将供应链与汽车备件物流相结合是汽车备件物流今后的发展方向。

一个国家和地区的汽车市场是否发达，一要看销售市场，二要看售后服务市场。在我国汽车市场和消费者逐渐成熟的今天，售后服务市场的地位就显得越来越重要。

今后国内汽车行业的竞争涵盖了价格、质量、售后服务及品牌形象等综合能力的竞争。将售后服务作为整个汽车制造企业的重要战略之一，是汽车行业竞争的大势所趋。

8.1 汽车备件与备件物流

8.1.1 汽车备件及特点

在汽车行业中，把新车出厂后使用过程中所需的汽车零部件和耗材统称为汽车备件；它包括新车出厂后汽车维修过程中用来更换的新备件或修复件、汽车上需要更换或添加的各种油、液，以及用于提高汽车使用安全性、舒适性及美观性的产品。每一辆汽车有成千上万个零部件，有些不易损坏，而有些是消耗性零部件，需要一定储备。汽车备件不仅具有一般商品的基本属性，同时还有以下几个特点。

①就数量而言，汽车备件品种繁多。汽车备件品种与汽车车型有关，各种汽车厂的车型有很多，并且每年还要增加新车型，同时旧车型也需要备件供应。

②从需求特点来看，汽车备件需求的地区分布十分广泛，且地区分布不均匀、不稳定，需求难以预测。

③从物流反应速度来看，汽车备件物流要求快速反应且高质量的服务。

④从运输要求来看，汽车备件要求个性化、专业化的装卸及运输方式，运输批量较小、时效要求较高。

⑤从供应时间上看，汽车备件的供应年限长。对于已经停产的车型，汽车厂仍要储存该车型的备件。所以汽车备件物流具有长期性。

⑥从库存来看，汽车备件需要占用大量库存资金，汽车备件物流库存管理难度大。

⑦从服务来看，汽车备件的管理直接影响到顾客的满意度，从而影响整个售后服务的质量。

8.1.2 汽车备件分类

1. 按标准化分类

汽车备件包括发动机零部件、底盘零部件、车身及饰品零部件、电子产品和通用件（见表8-1）。

表8-1　　　　　　　　汽车备件按标准化分类

汽车备件分类	产品细分
发动机零部件	油泵、活塞、喷油嘴、气缸、曲轴、电点火器、机油滤清器
底盘零部件	前桥、后桥、万向节、变速器、离合器、传动轴、悬挂系统、减振器、弹性元件
车身及饰品零部件	车门、车顶、车窗、保险杠、汽车表盘、汽车轮毂、油箱

续表

汽车备件分类	产品细分
电子产品	发动机控制电子系统、底盘控制系统、车载通信电子、车载娱乐电子
通用件	车轮轴承、油管、弹簧、标准件、密封圈、紧固件等

2. 按实用性分类

根据我国汽车备件市场供应的实用性原则，汽车备件分为易耗件、标准件、车身覆盖件、车身安全保障部件。

3. 按用途分类

汽车备件按用途分为必装件、选装件、装饰件、消耗件。

8.1.3 汽车备件物流

汽车备件物流是指汽车使用过程中正常的保养、维修，以及交通事故后的汽车维修所需要的零部件物流服务。在我国以汽车生产为主导的三大板块物流业务中，汽车零部件物流和汽车整车物流已日趋成熟，而汽车备件物流正处于起步阶段，是汽车物流大市场中的最后一块"蛋糕"。

汽车备件物流发展趋势包括以下几点。

1. 两业联动，携手发展

（1）汽车生产企业应积极将备件物流业务外包。

主机厂应将主要精力集中于核心竞争力建设上，可以将企业中部分或整体备件物流交给第三方物流企业完成，以降低运营成本，使生产效率获得大幅度提高。

（2）多方加强合作，形成战略联盟。

主机厂、物流商、中转库、4S店要迅速走出经营误区，彼此之间结成战略联盟，通过合作以整体优势参与竞争，实现互惠互利。同时，各企业要积极开拓市场，参与市场竞争，通过实现对客户需求的快速响应，提高客户服务水平。

2. 规避网点重复建设，多家共享物流资源

目前，汽车备件领域的第三方物流企业发展滞后，并不意味着没有相关

物流业务。经过多年的发展，各主机厂已在全国范围内设立了独立的中转库，但彼此之间没有共享备件物流的资源；物流商之间缺少合作，导致资源浪费。多企业合作、共享物流资源，是汽车备件物流领域今后发展的关键之一。

3. 规范行业发展，逐步创建和完善行业标准

由于各企业的物流水平参差不齐，直接造成汽车备件物流的发展滞后。汽车备件物流具有跨地区、跨企业的运作特点，行业标准化程度不仅关系到各种功能、要素之间的衔接和协调，也在很大程度上影响着汽车备件物流效率。

4. 加强信息化建设

一是物流企业要加强信息化建设。在备件物流运作中，供应商、物流商、备件中转库、4S店形成了一个完整的供应链。物流企业应建立完善的信息系统，与供应商的信息系统实现对接，并以信息技术为纽带，实现业务流程整合，以满足汽车备件物流及时快捷的服务要求。

二是加强公共信息平台建设。各物流企业应当加强信息资源整合，大力推进公共信息平台建设，实现物流资源共享，降低物流成本，提高物流效率。

8.2 汽车备件物流运作模式与流程

8.2.1 汽车备件物流运作模式

1. 传统的汽车备件物流运作模式

传统运作模式下的汽车备件物流网络如图8-1所示。

在传统运作模式下，汽车备件供应链上的供应商、汽车制造企业以及经销商都依赖于自己的冗余库存来满足备件及时供应的需求，从单个运营主体的角度进行库存成本优化的管理模式，而忽视了从供应链的角度进行整体优化，这样就不可避免地产生需求扭曲现象，即所谓的需求放大现象，形成了供应链中的"牛鞭效应"。

相对于商用车而言，乘用车的备件物流模式比较简单。按照运作主体来划分，备件物流运作模式主要分为三类：整车厂自营、外包给第三方物流公

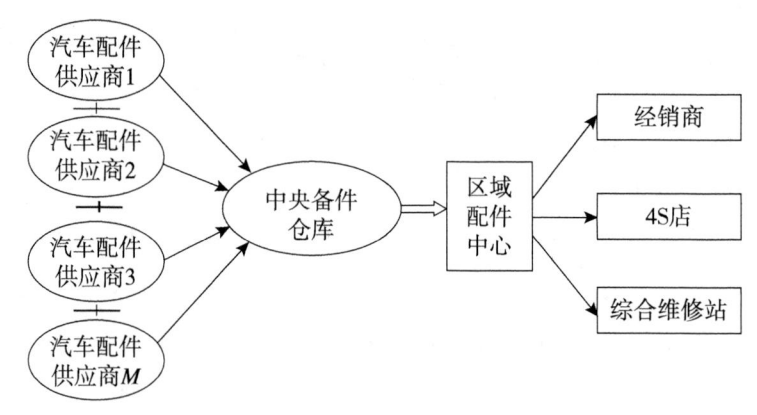

图 8-1　传统运作模式下的汽车备件物流网络

司经营、零部件供应商自营。

（1）整车厂自营。

这是当前国内备件物流的主要运作模式。整车厂自己负责备件采购、订单处理、仓储管理等核心环节，有些将运输、配送等环节外包。整车厂通常会建立 1~3 个中心库，并在销售比较集中的地区设立若干个中转库，使备件物流网络总体呈现伞状布局。

（2）外包给第三方物流公司经营。

部分整车厂采取外包方式，自己只负责备件采购，将备件的订单处理、仓储管理、运输、配送等环节部分或全部交给专业的第三方物流公司管理与运作。目前，国内知名的汽车备件物流服务商有安吉天地、一汽物流、广州风神等。随着专业分工越来越细以及物流公司能力的不断提高，备件物流外包将成为趋势。

（3）零部件供应商自营。

很多零部件供应商也开始涉足备件物流市场，并建立起自己的物流体系。与整车厂相比，零部件供应商的物流相对简单。主要原因在于零部件供应商不用管理一辆汽车上需要的所有备件，其管理难度和成本相对较低。

2. 基于供应链的汽车备件物流运作模式

图 8-2 中的配件物流中心是一个综合协调中心，它整合多个配件供应商的产品资源，通过区域配件中心向用户（整车厂、4S 店、经销商及综合维修

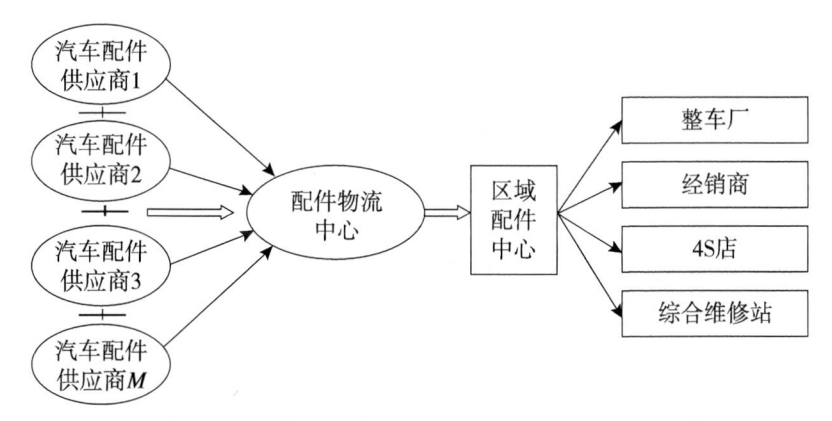

图 8-2 基于供应链的运作模式下汽车备件物流网络

站）进行配送业务，这样形成了一个以物流中心为核心的供应链，供应链上的各节点企业以信息共享为基础，建立相互协调机制和战略联盟伙伴关系，降低物流成本，提高资源利用效率。

8.2.2 汽车备件物流的运作流程

对于整车厂而言，备件物流的管理难度在于品类众多、单件物流量大，需要在实际运作中兼顾成本和效率。备件物流的运作流程主要包括采购、调拨、运输与配送。

（1）采购。基于各种备件的使用寿命、更换频次与数量等信息，整车厂对备件的采购规模和数量进行预测。如今，越来越多的整车厂将零部件物流与备件物流分开运作。主要原因在于整车厂可以有效控制备件的采购价格。也有部分整车厂对零部件物流和备件物流划分得不是很细，统一由一个部门负责，在采购零部件的同时也能够一起完成备件采购。

（2）调拨。备件物流的终端多为4S店或综合维修站，它们通过信息系统向整车厂发出订单。订单由整车厂审核完毕后发给中心库，由其负责备件的统一调配。整车厂按照不同备件的特点，采取常规订单和紧急订单两种运作模式。中转库并不能保证每笔订单都有相应的备货，这时就需要从中心库调拨，再按照订单发货。

(3) 运输与配送。整车厂通常将备件的运输与配送业务外包出去。总体看，备件的配送速度较快，但是配送成本较高。目前，常规订单的配送成本由整车厂承担，紧急订单（主要是为了满足特定车主的需求）的成本由4S店承担。

8.3 汽车备件物流节点规划与库存布局

在汽车备件物流中，物流节点（即物流配送中心）占有非常重要的地位。汽车备件物流配送中心是为满足一定区域范围内汽车备件的需求而设立的中心仓库。

在物流配送中心选址时，物流配送中心所服务的对象不同，往往需要考虑的重点因素是不同的。因此，在具体选址之前，有必要明确与汽车备件物流配送中心选址相关的基本问题。

8.3.1 汽车备件物流节点规划

1. 汽车备件物流配送中心选址的影响因素

影响选址的因素有很多，通过对以往研究成果的总结，得出汽车备件物流配送中心（物流节点）选址时主要考虑的因素有以下三点。

(1) 自然环境因素。

在选址时，要重点考虑地质、气象等自然条件，以保证备件物流运作的良好环境。

(2) 经营环境因素。

在选址时，须考虑市场环境、成本费用、服务水平等。

(3) 基础设施情况。

在选址时，须考虑交通、公共设施、环保要求及周边状况等。

2. 汽车备件物流配送中心选址的基本原则

物流配送中心的选址应遵守适应性原则、经济性原则、协调性原则和战略性原则。

（1）适应性原则。

物流配送中心的选址既要与国家、地方的经济政策和社会发展相适应，还要与我国物流资源、需求分布相适应。

（2）经济性原则。

物流配送中心选址的相关费用主要包括建设费用、物流费用。物流配送中心的选址应以总费用最少为原则。

（3）协调性原则。

物流配送中心选址时要把物流网络看成一个整体系统，应使物流配送中心的各种设施、设备在地域分布、技术水平、物流企业生产力等方面保持协调。

（4）战略性原则。

物流配送中心的选址要从全面、长远的角度考虑，既要考虑目前的实际需要，又要兼顾未来的发展。

3. 汽车备件物流配送中心选址的基本流程

汽车备件物流配送中心选址流程一般可按以下步骤进行。

（1）选址规划约束条件分析。

选址前要分析汽车备件物流现状，明确建立物流配送中心的必要性；根据汽车备件物流现状及特点，确定需要的基本条件。

（2）收集整理资料。

收集、整理历史资料，确定物流配送中心服务对象的需求条件及选址原则。

（3）确定初始备选地址。

对收集的资料进行分析与整理，综合考虑各种因素来进行评估，确定初始备选地址。

（4）优化备选地址。

在确定初始备选地址后，可以建立相应的数学模型来进行定性和定量分析，从而得到更优的地址。

(5) 结果评价。

根据汽车备件物流实际要求，对选址结果进行综合评价，看其是否具有可行性。

(6) 确定选址方案。

根据综合评价结果进行排序，得出最优选址方案。

8.3.2 汽车备件的库存布局

根据物流配送中心的设立方法，当前汽车备件的库存布局可以大致分为以下几种。

①中心式。这种模式是在企业总部或主要销售城市所在地设立一个大的物流配送中心，储备所有需用备件。

②分库式。采用这种模式的厂商在全国设立几个备件物流中心（分拨中心），储备各自辐射区域内所需备件。

③中心—分库式。这种模式是前两种模式的结合，即总部物流配送中心作为信息中心进行订单接收和处理，各地分库按照总部指令发出和接收备件，同时各地分库的库存量均由总部控制。

④渠道式。渠道式即根据服务供应商的渠道设置来进行物流系统设计，类似于销售模式中的厂商—总代理—分销商的渠道传递，在每一级别中均储备一定量的备件，并根据实际情况随时调整。

⑤中心—分库—渠道式。这是第三种和第四种模式的结合，即在中心、分库和供应商处均储存备件。

8.3.3 国内外汽车备件库存布局

国内传统的汽车备件库存布局如图8-3所示。从传统的汽车备件库存布局来看，表现出缺乏规模、地点分散、层次多、不易管理等问题。

在国外（以欧洲为例），汽车备件库存布局相对要有序得多。如图8-4所示，汽车备件的供应以生产厂家为中心，其供应网络通常由两个环节组成，即一级批发商和二级批发商，最后才是零售网点。由于这种多层次的分销环

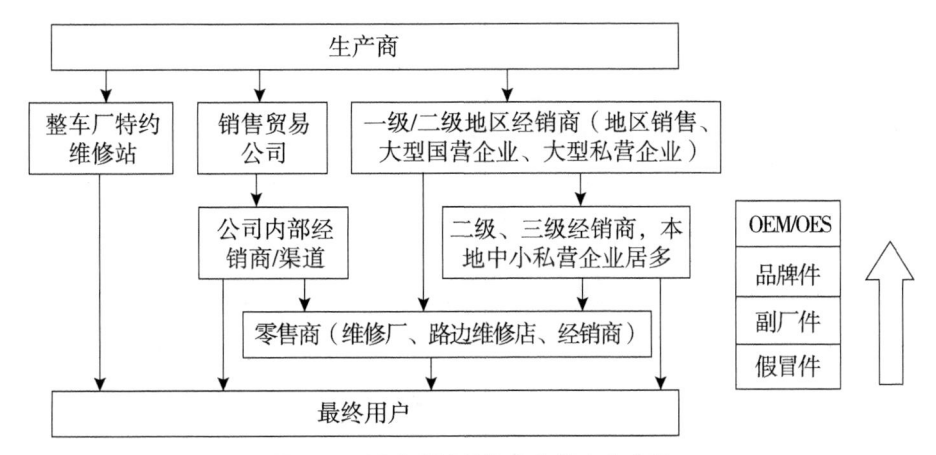

图 8-3 国内传统的汽车备件库存布局

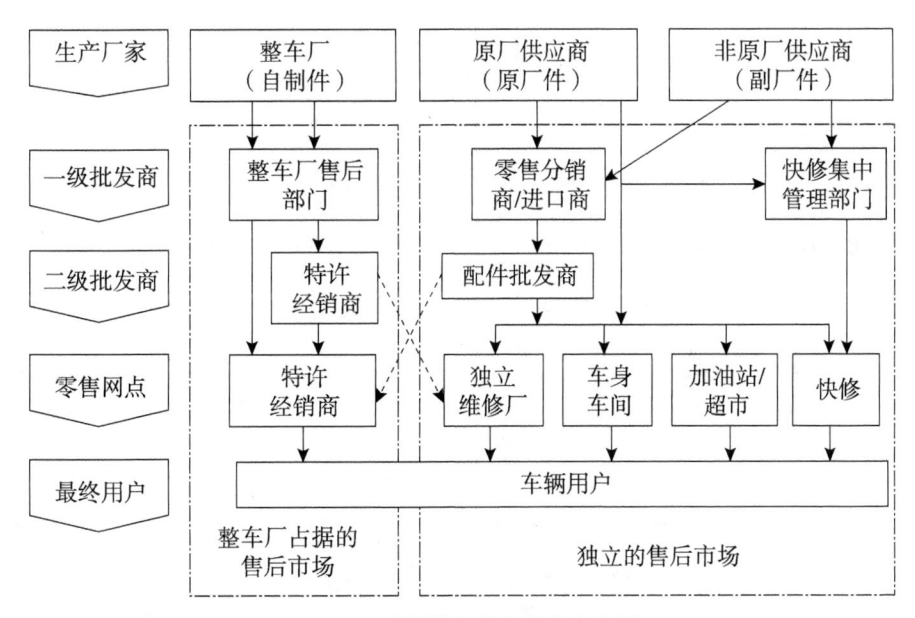

图 8-4 欧洲的汽车备件库存布局

节会导致低效率和高成本,所以现在也开始出现了一些少环节、多直销的方式。

目前国内大多数汽车制造企业越来越重视汽车备件的库存管理,并且在供应链的不同层次上进行汽车备件的网络优化,如图 8-5 所示。

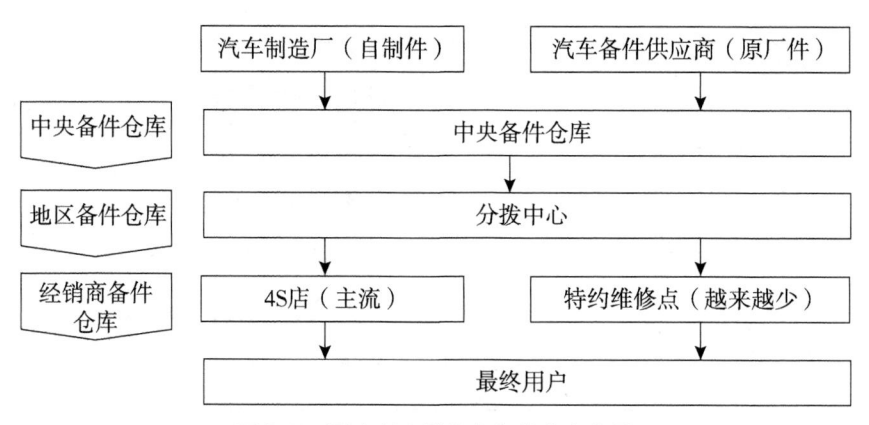

图 8-5 国内新兴的汽车备件库存布局

8.3.4 汽车备件库存布局优化

1. 第一阶段分类

第一阶段首先将备件分为进口件、国产件和自制件。

第一阶段分类后的库存布局如图 8-6 所示。

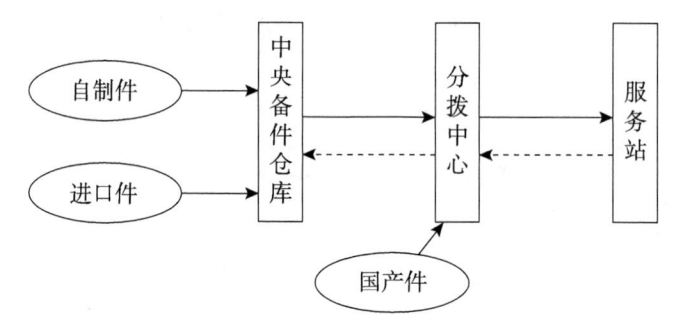

图 8-6 第一阶段分类后的库存布局

2. 第二阶段分类

第二阶段分类是在第一阶段分类的基础上，再将汽车备件分为快速流动备件和慢速流动备件。

考虑到汽车行业的实际情况，慢速流动备件被定义为月需求率小于 1 的汽车备件，其余的就是快速流动备件。当然企业在实际运作中可以根据具体情况重新定义。

备件库存布局采用的整体策略可以概括为：快速流动备件由其始点逐级向下流动，而慢速流动备件由其始点跨级向下流动。最后通过两阶段的分类分析，得出如图8-7所示的新的汽车备件库存布局。

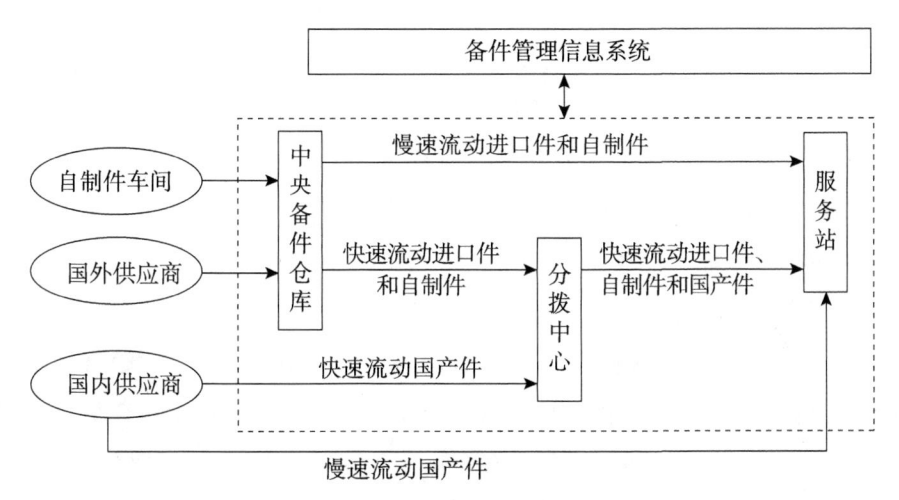

图 8-7　新的汽车备件库存布局

8.4　汽车备件库存控制

8.4.1　汽车备件库存控制策略

根据服务响应时间和需求性两个指标，可将汽车备件分成九类，如表8-2所示。

表8-2　汽车备件的分类以及相应的库存策略

需求性＼服务响应时间	高	中	低
I 类 （连续性监测）	（一） 冗余需求策略	（二） 一般需求策略	（三） 可短缺需求策略

续　表

服务响应时间 需求性	高	中	低
Ⅱ类 （周期性监测）	（四） 冗余周期策略	（五） 一般周期策略	（六） 可短缺周期策略
Ⅲ类 （连续性监测）	（七） 冗余上下限策略	（八） 一般上下限策略	（九） 可短缺上下限策略

其中，Ⅰ类为需求量大并且需求率确定的汽车备件；Ⅱ类为需求量小（通常存在较多零需求）并且需求率确定的汽车备件；Ⅲ类为需求量和需求率均不确定的汽车备件。

对于需求性指标，可以根据历史数据来划分每种汽车备件的所属类别，并结合实际的消耗情况随时作出调整。对于服务响应时间指标，很难找出科学的方法进行定量衡量，因此可以通过专家评分法或者其他主观评估方法来对每一类汽车备件进行评估，并根据企业的实际情况设定相应的服务水平。

接下来对每一类汽车备件适合的库存策略进行分析。

①Ⅰ类：这一类汽车备件的共同点是需求量大，消耗快，因此适合采用连续性监测；另外其需求率较稳定，可以采用经济订货批量模型，通过计算得到订货点和订货批量。Ⅰ类汽车备件的库存模型如图8-8所示。

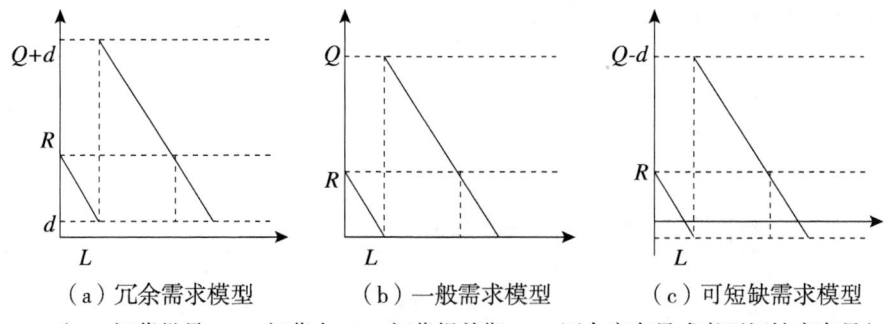

（a）冗余需求模型　　　（b）一般需求模型　　　（c）可短缺需求模型

（Q：订货批量　R：订货点　L：订货提前期　d：冗余库存量或者可短缺库存量）

图8-8　Ⅰ类汽车备件的库存模型

第一类汽车备件的服务响应时间要求高，缺货成本较高，因此为了有效应对突发情况，可以根据经验或者对服务水平的设定，设置一个冗余库存，即安全库存。

第二类汽车备件的服务响应时间要求一般，缺货对服务质量甚至品牌形象不会造成较大影响，因此可以不用设置安全库存。一旦发生缺货（少数情况），可以采取紧急订货等补救措施。

第三类汽车备件的服务响应时间要求较低，顾客对服务响应时间的宽容度较大，缺货对服务质量甚至品牌形象几乎不会造成影响，可以根据不同汽车备件的重要性以及顾客可接受的时间要求适当设定一个短缺库存，达到降低库存的目的。

② Ⅱ类：这一类汽车备件的共同点是需求量小，在某些时间段内可能没有需求，消耗较慢，因此适合采用周期性监测；另外其需求率较稳定，因此可以采用 (T, S) 库存策略和模型，其中 S 通常为周期库存上限。

该策略每隔周期 T 检查一次库存，若库存量低于 S，则将其补足到 S。Ⅱ类汽车备件的库存模型如图 8-9 所示。

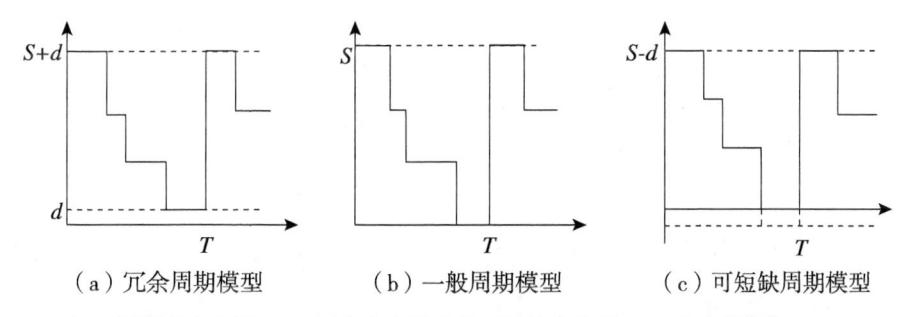

（a）冗余周期模型　　（b）一般周期模型　　（c）可短缺周期模型

（S：周期库存上限　d：冗余库存量或者可短缺库存量　T：库存周期）

图 8-9　Ⅱ类汽车备件的库存模型

第四类汽车备件的服务响应时间要求高，虽然其需求量较小，但是缺货将对服务质量、顾客的满意度甚至品牌形象造成较大影响，因此同第一类汽车备件一样，设置一个安全库存。

第五类汽车备件的服务响应时间要求一般，缺货对服务质量、顾客的满意度甚至品牌形象不会造成较大影响，因此不用设置安全库存。一旦发生缺货（少数情况），可以进行紧急订货。

第六类汽车备件的服务响应时间要求较低，缺货对服务质量、顾客的满意度甚至品牌形象几乎不会造成影响，可以根据不同汽车备件的重要性以及顾客可接受的时间要求适当设定一个短缺库存，从而达到降低库存的目的。

③Ⅲ类：这一类汽车备件的共同点是需求量和需求率均不确定，需求波动较大，难以预测，应该采用连续性监测，随时把握库存量的变化情况；这一类汽车备件的库存控制建议采用 (s, S) 模型，一旦库存量降到了 s 之下，就进行订货，使库存量补充到 S。Ⅲ类汽车备件的库存模型如图 8-10 所示。

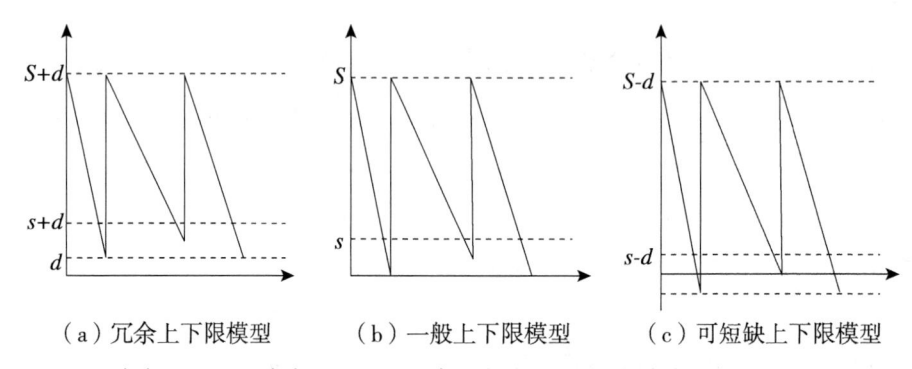

(a) 冗余上下限模型　　(b) 一般上下限模型　　(c) 可短缺上下限模型

（S：库存上限　s：库存下限　d：冗余库存量或者可短缺库存量）

图 8-10　Ⅲ类汽车备件的库存模型

第七类汽车备件的服务响应时间要求高，一般不允许缺货，采用连续性监测的冗余上下限 (s, S) 策略，并且可以根据实际运作进行调整，适当增加 s 和 S。

第八类汽车备件的服务响应时间要求一般，缺货对服务质量、顾客的满意度甚至品牌形象没有较大影响，采用连续性监测的一般上下限 (s, S) 策略。

第九类汽车备件的服务响应时间要求较低，缺货对服务质量、顾客的满意度甚至品牌形象几乎不会造成影响，采用连续性监测的可短缺上下限 (s, S) 策略，并且在实际运作中可以不断进行调整，适当降低上下限。

8.4.2 汽车备件库存预测

在实践中，根据汽车备件的特性，往往将备件分组，确定不同的服务水平，或者分别管理不同类型的备件。不同组别的备件和不同类型的备件会随时间形成不同的需求模式。如果需求是规律性的，利用常用的预测方法即可得到较好的结果。易损备件和定期保养备件都适用这些预测方法。

如果某种备件由于总体需求量偏低，需求时间和需求水平非常不确定，那么需求是间歇式的。根据一般备件领域的工作经验，对年需求量小于 2 的备件采用不建立库存的策略，待年需求量大于 2 时开始建立正常库存。通过该策略，可在满足客户服务水平的前提下，减少仓储设施投资，降低物流成本。

9 汽车生产物流管理信息化

9.1 企业信息化与供应链管理

9.1.1 企业信息化

针对制造业,信息化建设的含义是以管理创新的思路将信息技术与制造技术相结合,提高企业生产自动化水平,增强经济效益。

就制造业的共性而言,企业信息化大致有以下几点内容。

(1)生产过程控制信息化。

生产过程控制信息化的主要内容是综合利用自动控制技术、模拟仿真技术、微电子技术、计算机及网络技术实现对生产全过程的监测和控制,提高产品质量和生产(操作)效率。生产过程控制信息化的重点环节是产品开发设计、生产工艺流程、车间现场管理、质量检验等。

(2)企业管理信息化。

企业管理信息化涉及企业管理的各项业务及各个层面。企业管理的信息化建设就是在规范管理基础工作、优化业务流程的基础上,通过信息集成应用系统来有效采集、加工、组织、整合信息资源,提高管理效率,实时动态地提供管理信息和决策信息。

(3)企业供应链管理信息化。

企业供应链管理信息化是制造企业非常重要的一个组成部分。其重点是利用企业局域网络、互联网、数据库、电子商务等技术资源,对供应商、第三方服务商及客户的供应链进行系统化管理与协调，将企业内部的生产、仓储、物流等管理流程与外部的供应、销售、服务环节整合在一起，提高制造企业的市场应变能力。

9.1.2 基于供应链管理的信息集成模式

基于供应链管理的信息集成模式，是指根据行业特征，在节约人力、物力、财力的基础上，利用先进的信息技术，以经济全球化和电子商务发展为依托，率先推动供应链管理的信息化建设，再分阶段实施全面管理的信息化转型。

案例　　　　　某公司的极速供应链管理系统

某公司是全球第三大 TFT-LCD 制造商，拥有从小尺寸到大尺寸 TFT-LCD 面板的生产能力。为有针对性地构建极速供应链管理系统，公司仔细分析了其供应链的特点。TFT-LCD 的工艺流程非常复杂，结合了半导体、化工和电子组装三个不同的行业。因此，公司在构建极速供应链管理系统时应包含三种不同的生产阶段。第一阶段类似半导体制造，产能优化是这个阶段的管理重点。第二阶段偏向于化工流程，在管理上需要兼顾产能优化和关键零部件的库存管理。第三阶段以电子组装为主，关注的焦点应放在关键零部件的采购与库存管理。

基于这些管理重点，该公司在已有 ERP 系统的基础上，导入了 APS、SRM 和 MES 系统。在物流管理上，该公司采用了 JIT 模式。在信息管理上，该公司充分利用互联网平台，将采购信息在第一时间内"推"向零部件供应商。

为了强化和供应商之间的协调性与及时性，该公司与供应商之间还通过"协同采购"平台，运用电子数据交换技术，实现 JIT 和 VMI 采购模式。该公司以内部流程整合为基础，将最新的生产计划、物料需求和交货排程等实时发布给全球供应商，使供应商及时、准确地安排生产、备料和送货。借助极速供应链管理系统，该公司的响应周期由原来的 4 天缩短到 1 天以内，同时所有关键零部件的库存都维持在 1 天甚至更低的水平。

9.2 生产物流管理信息系统

9.2.1 DMS简介

汽车经销商管理系统（Dealer Management System，DMS），主要用于对汽车公司庞大的销售网络进行管理。DMS系统功能全面，不仅涵盖了针对4S店的整车销售、零部件仓储管理、售后维修服务（含车间管理）、客服服务等业务环节，并且在主机厂和经销商之间能搭建一个互动交流的信息桥梁，全面满足经销商对汽车销售、维修服务、信息反馈、客户关系等业务的信息化管理需求。

9.2.2 ERP简介

企业资源计划（ERP）系统，是指建立在信息技术基础上，以系统化的管理思想，为企业提供决策运行手段的管理平台。

ERP系统关键供应商分布广泛，主要分为国外供应商和国内供应商两大阵营。国外供应商主要是SAP、Oracle、BaaN；国内供应商主要是金蝶和用友。

鉴于SAP为多数大型企业所使用，现重点选用SAP R/3进行相关介绍。

SAP R/3是一个基于客户/服务器结构和开放系统的集成化ERP软件。其功能涵盖企业的财务、后勤（包括工程设计、采购、库存、生产、销售和质量等环节）和人力资源管理等各个方面。

SAP R/3软件有如下特点。

①功能性：R/3以模块化的形式提供了一整套业务措施，其中的模块囊括了所需的全部业务功能，并把用户型和技术型应用软件整合为一个综合系统，支持企业战略与日常运营管理。

②集成化：R/3把逻辑上相关联的部分连接在一起，消除重复工作和冗余数据。

③灵活性：R/3配备适当的界面，用以集成用户自研软件或第三方软件。

④开放性：R/3的体系结构符合国际公认的标准，使客户得以突破专用

硬件平台及专用系统技术的局限。

⑤用户友好：图标与图形符号简化了人机交互操作，统一设计的用户界面确保了工作人员以熟悉的操作方式处理不同的业务。

SAP R/3 模块示意如图 9-1 所示。

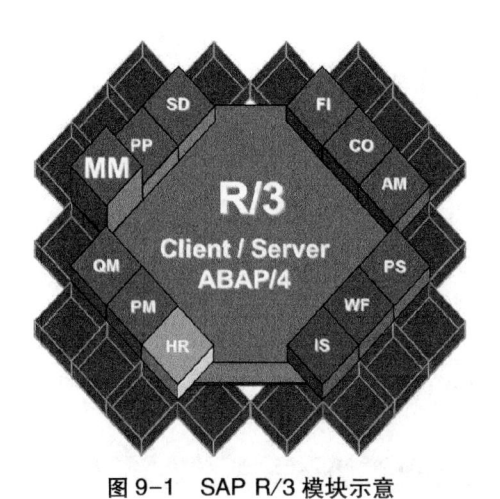

图 9-1　SAP R/3 模块示意

9.2.3　MES 系统

制造执行系统（MES）聚焦于制造现场的控制与管理工作。该系统将企业的生产计划分解细化，下达具体制造岗位，指挥人员操作设备，从而完成生产作业，并收集制造现场数据，以实现现场调度、生产追溯和管理分析。

需要强调的是：在制造企业管理信息系统中，ERP 和 MES 属于不同的管理层面。ERP 侧重于企业层面，属于企业级管理系统，负责处理企业上层管理信息；MES 侧重于车间现场层面，属于执行层。

9.3　汽车生产物流工程信息化实践

9.3.1　汽车主机厂物流模式介绍

1. 生产拉动系统（PPS）

生产拉动系统是专门为汽车制造企业打造的自动化信息系统，聚焦于汽车生产过程中的物料实时请求与拉动管理。该系统主要由基本数据模块、整车追踪模块、物料消耗模块组成，负责对厂内物料和各零部件供应商的生产进行实时拉动，同时对厂内的物料消耗情况进行统计，对主要零部件进行随车追踪。

2. 物料看板拉动系统

看板是一种较为传统且又十分有效的物料传送方式，主要适用于通用物料和小件物料的传送。物料看板一般由汽车厂家的物流部门根据自己的实际物料种类和工位数量情况自行设计和制作。

9.3.2 主机厂生产物流管理系统

物料入场模式主要分为以下三种。

（1）远距离供应商直供件拉动供给模式（见图9-2）。

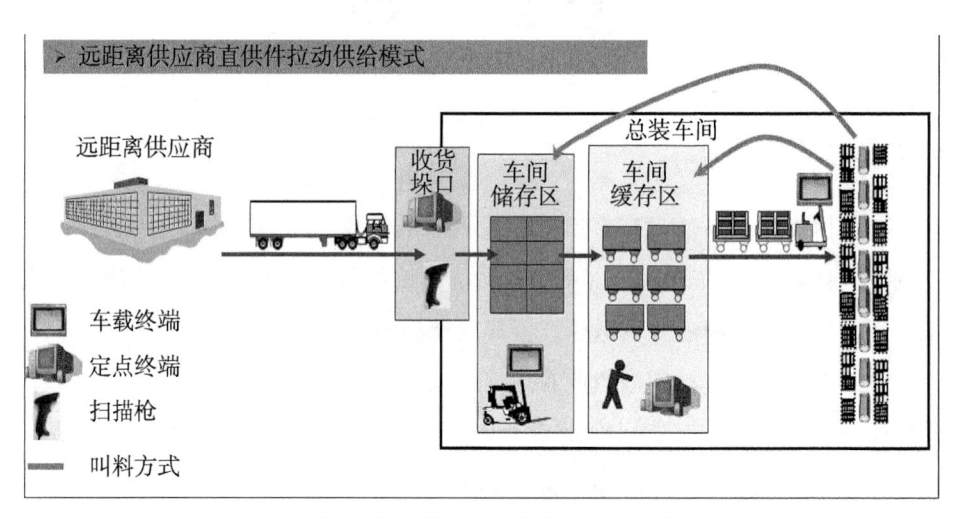

图9-2 远距离供应商直供件拉动供给模式

（2）近距离供应商直供件拉动供给模式（见图9-3）。

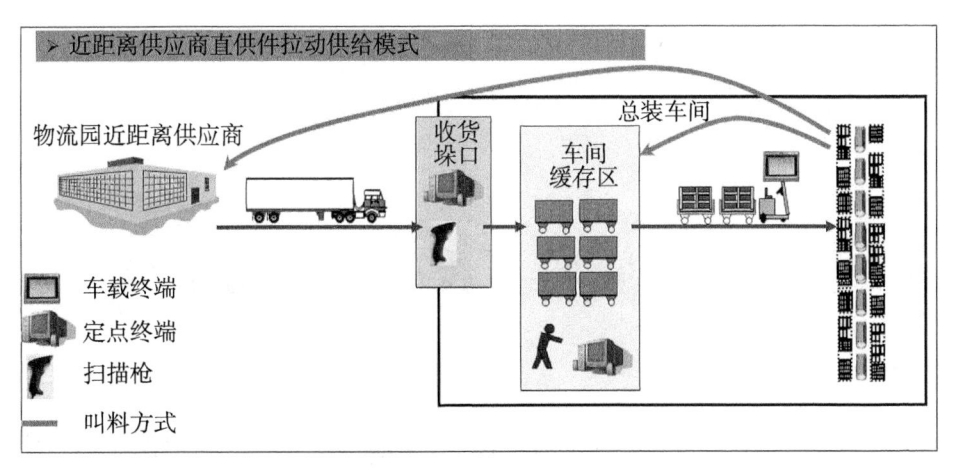

图 9-3　近距离供应商直供件拉动供给模式

(3) 远距离供应商非直供件拉动供给模式（见图 9-4）。

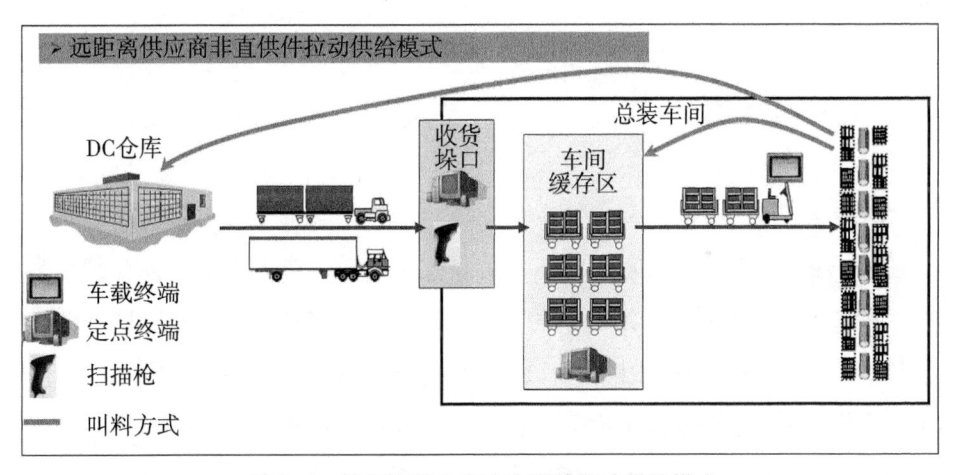

图 9-4　远距离供应商非直供件拉动供给模式

10 汽车生产物流工程管理常用工具

在汽车生产物流工程管理实践领域中,有许多先进的管理工具被有效采用,其中比较常用的管理工具包括约束理论、工业工程理论、持续改善理论、准时制理论等。通常需要多种技术的集成应用,才能有效地解决实践中的问题。

10.1 约束理论

1. 约束理论的核心思想

约束理论认为,系统的产销率是由系统中的一个或者少数的几个约束环节(通常又称"瓶颈")所决定的。所以,增加系统产销率最有效的办法就是充分利用瓶颈的活力。因为,"瓶颈上损失一小时等于整个系统损失一小时","非瓶颈的利用程度不由其本身决定,而由系统的瓶颈决定"。因此,约束理论的核心就在于充分利用瓶颈资源,不断突破系统约束,如此往复,有针对性、有重点地对系统进行改进。

2. 约束理论在生产计划中应用的关键技术

(1) 瓶颈资源识别。

对于制造系统来说,瓶颈资源就是指那些生产任务量大于其生产能力的设备/制造单元。生产能力不平衡说明必然存在能力上的薄弱环节,即瓶颈环节。企业计划与控制的重点应是企业的瓶颈环节。

(2) 瓶颈资源排产。

在确定瓶颈资源后,将企业的整个生产网络划分为关键网络和非关键网络,将需要生产的零部件划分为关键件和一般件。为保证瓶颈资源的充分利用,需按照生产订单的重要、紧急程度对瓶颈资源上的生产任务按照一定规则、合理批量进行排序。

(3) DBR 系统排产。

安排好瓶颈资源上的生产任务后,需要在整个生产系统中的恰当位置设置合理的缓冲,选取合适的批量。瓶颈资源之前的工序按照"拉动"方式进行,瓶颈资源之后的工序按照"推动"方式进行,从而完成计划期内所有任务的排产。

10.2 工业工程

工业工程(Industrial Engineering,IE)是研究由人、物料、信息、设备和能源构成的集成系统的设计、改进和实施。它应用数学、物理学和社会科学的知识和技能,结合工程分析和设计的原理与方法,来说明、预测和评价这一集成系统将得到的结果。

现代工业工程的研究内容包括:生产系统规划与设计、生产计划与库存控制、作业计划、物流运输与储存、柔性制造技术、敏捷制造、质量控制与可靠性、工程经济分析、人机工程与人机系统、基础研究、工业工程培训与教育等。

工业工程主要是通过优化和重新组织企业系统的各种资源,达到提高效率的目的,是一种投资少甚至不需要投资就能提高收益的方法,是符合节约型和效益型社会的重要工业技术。工业工程在现代汽车制造企业物流与供应链实践中有很大的应用空间和价值。

工业工程的标准是三条坐标:时间、空间、效率。

时间坐标——以节约时间为准则,判断方法的时间有效性。

空间坐标——以对空间的有效最大化运用为准则,是方法研究的重要出发点。

效率坐标——以提高效率为准则，是方法研究的最终目标。

10.3 JIT 理论

JIT 生产方式将"获取最大利润"作为企业经营的最终目标，将"降低成本"作为基本目标。

JIT 生产方式的基本手段可以概括为下述三个方面。

（1）生产流程化。

即按汽车生产所需的工序，从最后一个工序开始往前推，确定前面一个工序的类别，并依次恰当安排生产流程，根据流程及每个环节所需库存数量和时间节点规划库存与物流。尽量减少物资在生产现场的停滞与搬运，让物资在生产流程上顺畅流动。

（2）生产均衡化。

生产均衡化是实现适时适量生产的前提条件。所谓生产均衡化，是指总装配线在向前工序领取零部件时应均衡地使用各种零部件，实现多产品的均衡生产。为此，在制订生产计划时就必须加以考虑，然后将其体现于产品生产顺序计划中。在制造阶段，生产均衡化通过专用设备通用化和标准化作业来实现。

（3）资源配置合理化。

资源配置合理化是实现降低成本目标的核心路径，具体指在生产线内外，所有的设备、人员和零部件都得到最合理调配，确保资源在最需要的时间以最及时的方式到位。

在设备管理方面，以快速装换调整技术为关键突破口。

在生产区间布局上，需要实现设备和原材料的合理放置。特别是 U 形单元连接而成的"组合 U 形生产线"，可以大大简化运输作业。

我国汽车制造业大致有三种准时制物流管理形式，即计划管理、看板管理、同步管理。

（1）计划管理。

计划管理就是按生产计划组织生产供货，它实际是以计划消耗来计算的一种要货方式。遵循的原则是：在第 M 天的需求基础上进行预测，并计算出 ($M+N$) 天的供应量，依次循环滚动。它实际比较接近于传统的计划供应方式，被列入准时制物流管理范围的原因是其预测和计划周期较短。计划管理模式适用于需求变化较小、消耗连续的汽车零部件。

（2）看板管理。

看板管理是电子技术与现代物流的完美结合，同时也是一种需求拉动型的管理模式。它采用条码技术、网络技术进行生产物流管理，是一种反应速度较快、信息较为准确的管理模式。信息的主要载体是看板，在看板上记录着零部件编号、要货时间、零部件名称、储存地点、零部件数量、所用工位器具的型号等，以此作为各工序进货、出库、运输、生产、验收的凭证。在看板管理模式下，每一次物料的供应都是对实际消耗的合理补充，充分体现了准时制物流的原则。

（3）同步管理。

同步管理是准时制物流管理的高级方式，适用于单位价值较高、变化形式多样的总成零部件。该模式要求供应商与主机厂共享同一软件平台，单一零部件按明确的方式备货，实现零部件与生产线工位的实时匹配供应。

10.4　持续改善理论

Kaizen（改善）源自日本管理理念，由今井正明提出，强调全员、全环节的渐进式持续优化。

持续改善的手段包括以下几个方面。

（1）标准化。

标准是 Kaizen 的固定组成部分，它为进一步完善提供基础。工作领域标准化就是将工程师的工艺或设计要求转换成工人们每天必须遵守的工作指令。

（2）5S 管理。

企业需要对每个岗位和个人单独确定 5S 规则与标准，并使之严格遵守。

(3) 消除浪费。

日语中的"浪费",有更深层次的含义。任何未能使产品增值的活动或过程均被视为浪费。

(4) 遵循 Kaizen 五条"黄金"法则。

①如果发生问题,首先去现场。

②检查发生问题的对象。

③立刻采取暂时性的措施。

④查找问题产生的真正原因。

⑤应对措施标准化。

下面以某汽车制造企业的代表性案例来阐述持续改善理论的具体应用。

(1) 工时分析:对收货环节进行工时分析,工时测评结果如表 10-1 所示。

表 10-1　　　　　工时测评结果　　　　　单位:小时

动作		问题	标准工时	实际工时
平台	卡车到达	中转区面积太小	0	0.68
	卸容器	容器在卡车内摆放不当	0.10	0.101
		人或物阻挡	0.10	0.101
	叉车转运	人或叉车阻挡	0.29	0.101
		站台与中转区的距离太长	0.29	0.102
中转区收货		行政检验	0.24	0.106
通用小托盘返空		叉车取托盘	2.2	10.1

(2) 流程分析:对中转入库环节进行流程分析,流程重组后的效果如表 10-2 所示。

表 10-2　　　　　流程重组后的效果　　　　　单位:小时

动作	重组内容	重组前标准工时	重组后标准工时
入库	取消中转区等待	0.5	0
容器返空	用牵引车替代叉车	10.76	0.58

（3）设定改善目标：根据以上分析的结果，利用现有资源进行有针对性改善，并计算改善效果，如表10-3所示。

表10-3　　　　　　　　　　改善效果一览

动作			问题	改善后设备节省（台）
站台验收	卡车到达		中转区面积太小	0.91
	卸容器		容器在卡车内摆放不当	0.04
			人或物阻挡	0.01
	叉车转运		人或叉车阻挡	0.05
			站台与中转区的距离太长	0.05
中转区收货			行政检验	0.16
通用小托盘返空			叉车取托盘	0.10
流程重组	入库		取消中转区等待	0.67
	容器返空		用牵引车替代叉车	1.86
总计				3.85

（4）改善目标合理化：理论计算与实际操作会存在一定的误差，根据现场情况和改善难度，可从合理化的角度对改善目标进行调整，节省改善周期。

（5）修订操作规程和相关标准：根据改善要求，修订现有操作规范，建立新的工时标准，为下一步改善奠定基础。

参考文献

［1］赵雪章. 彼得·德鲁克管理思想全集［M］. 北京：中国长安出版社，2006.

［2］胡元庆，曾新明. 汽车制造物流与供应链管理［M］. 北京：机械工业出版社，2014.

［3］陈俊. 汽车零部件双向物流路径优化模型及仿真研究［D］. 杭州：杭州电子科技大学，2017.

［4］李杰，张新潮. 汽车制造行业生产物流运作效率优化对策研究［J］. 中外企业家，2019（6）：224-225.

［5］张仕军. 基于排队网络理论的生产物流瓶颈识别与优化研究［J］. 物流技术，2014，33（21）：417-419.

［6］于淼. 浅析汽车零部件采购物流模式［J］. 物流工程与管理，2014，36（4）：21-22，64.

［7］赵霞. 供应链管理下的生产计划与控制研究［D］. 天津：天津大学，2007.

［8］蒋世应. 基于订单生产模式的ERP的生产计划研究［D］. 西安：长安大学，2009.

［9］门田安弘. 新丰田生产方式［M］. 王瑞珠，译. 保定：河北大学出版社，2001.

［10］钟洁. 广汽菲亚特供应商评价体系优化研究［D］. 长沙：中南大学，2013.

[11] 李睿, 陆薇. 汽车工业集成化供应链管理 [M]. 北京: 机械工业出版社, 2008.

[12] 陆薇, 宋秀丽, 高深. 汽车企业物流与供应链管理及经典案例分析 [M]. 北京: 机械工业出版社, 2010.

[13] 刘宏亮. 供应链管理下我国汽车行业物流管理优化分析 [J]. 现代经济信息, 2010 (7): 158-159.

[14] 任才杰. 汽车逆向物流回收的经济分析与发展策略研究 [D]. 武汉: 湖北工业大学, 2014.

[15] 曹兵. 基于第三方物流服务提供商的某汽车零部件VMI模式与实施策略研究 [D]. 上海: 复旦大学, 2013.

[16] 江世英. 汽车制造企业生产物流管理体系的构建 [J]. 物流技术, 2015, 34 (7): 241-243.

[17] 唐蕾蕾. 制造企业生产物流存在问题及对策研究 [J]. 淮海工学院学报 (人文社会科学版), 2013, 11 (16): 28-30.

[18] 宋秀丽. 汽车备件物流与供应链管理 [J]. 物流技术与应用, 2009, 14 (2): 88-90.

[19] 高群钦, 陆克久, 陈安宇. 我国汽车物流的发展现状与研究对策 [J]. 中国市场, 2009 (2): 152-153.

[20] 甘卫华, 徐綦鹤, 黄雯, 等. 基于SLP和生产物流的F公司车间设施布局改善 [J]. 华东交通大学学报, 2015, 32 (3): 55-62, 102.

[21] 孟曦. 中国汽车物流的现状及问题研究 [J]. 物流工程与管理, 2009, 31 (3): 1-3, 20.

[22] 詹姆斯·汤普金斯, 约翰·怀特, 亚乌兹·布泽, 等. 设施规划 [M]. 伊俊敏, 袁海波, 等译. 北京: 机械工业出版社, 2008.

[23] 段圣贤, 陈建华, 章劲松. 新编供应链管理 [M]. 北京: 电子工业出版社, 2013.

[24] 王道平, 杨岑. 供应链管理 [M]. 北京: 北京大学出版社, 2012.

[25] 张彤, 牛雅丽. 汽车售后配件管理 [M]. 北京: 机械工业出版

社，2011.

[26] 张京敏．我国汽车整车物流的发展对策［J］．中国物流与采购，2004（2）：52-54.

[27] 董明望．把握物流利润的切入点——中国物流第三利润源泉的思考之二［J］．中国储运，2004（3）：12-13.

[28] 刘颖．大物流工程项目类制造系统及其资源优化配置技术的研究［D］．重庆：重庆大学，2001.

[29] 石宇．汽车制造企业物流服务指标体系研究［D］．大连：大连理工大学，2008.

[30] 幸伟．试论汽车制造业精益物流的构建、实施与控制［D］．南昌：南昌大学，2007.

[31] 许子阳．基于SCM的汽车零部件采购物流运作模式研究［D］．大连：大连海事大学，2006.

[32] 胡元庆．JIS物流管理技术在电子制造企业的运用［J］．电子商务，2015（3）：49-50.

[33] 胡元庆，袁世军．汽车制造业物流外包最新趋势与特点分析［J］．电子商务，2015（4）：22，90.

[34] 胡元庆，谭新明．新重心法在物流网点选址优化中的应用探析［J］．物流科技，2020，43（1）：9-12.

[35] 胡元庆，胡尧．JIS物流技术在汽车制造业实践中面临的主要挑战［J］．物流工程与管理，2015，37（3）：94-96.